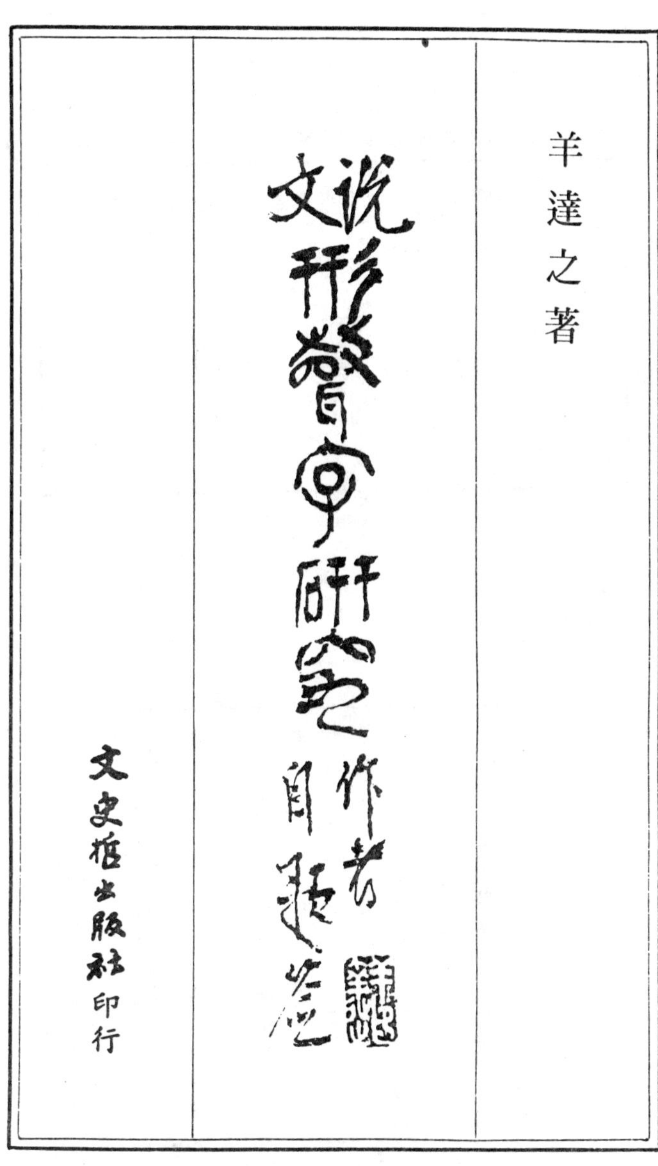

羊達之著

說文形聲字研究

作者自題

文史哲出版社印行

國立中央圖書館出版品預行編目資料

說文形聲字研究 / 羊達之著. -- 初版. -- 臺北
市：文史哲，民83
面； 公分.
ISBN 957-547-878-9(平裝)

1. 說文解字 - 評論 2. 中國語言 - 文字

802.25 83005685

說文形聲字研究

著 者：羊 達 之
出 版 者：文 史 哲 出 版 社
登記證字號：行政院新聞局局版臺業字五三三七號
發 行 人：彭 正 雄
發 行 所：文 史 哲 出 版 社
印 刷 者：文 史 哲 出 版 社
台北市羅斯福路一段七十二巷四號
郵撥〇五一二八八一二彭正雄帳戶
電話：三 五 一 一 〇 二 八
實價新台幣四四〇元
中華民國八十三年七月初版

ISBN 957-547-878-9

羊達之（學名兆爵）簡歷

一九〇四年生於蘇北一貧寠秀才家，限於家教，少小即習誦古舊書籍，舊制小學畢業後，考進省立揚州第八中學，畢業後續學於廈門大學文學院中國文學系，以研習語言文學為主，歷史系為輔。畢業後又回揚州，任教於省立揚州中學，主教國文與中國史計十年。

抗日戰爭之始，就後方國立編譯館人文組職從事研究工作，任副編審、編審，兼館外高校古代文學之職整十年，繼任高校中文系古典文學職，直至一九八五年退休。

著作有中國文學史提要，說文形聲字研究，語文輔導教材、漢語語文教材（文言、白話對照輔以圖解）。文言文課外讀物，史漢異同研究集、白居易傳、白香山詩會意集等。

說文形聲字研究序

民國五十九年春，余獲教部頒發國家文學博士學位之翌年，先師高郵高仲華先生適榮膺教部講座教授，依規定不得於校外兼課。先師所任輔仁大學中文研究所《說文研究》一課，乃推薦余往接任，自茲以後，余遂兼課於輔仁大學逾二十年。

去歲先師歸道山，受業弟子無不哀痛逾恆，而余霑澤既多，哀思之戚，更難遽退。不日，彭寶良先生造舍相訪，出其師羊達之先生《說文形聲字研究》一冊相示，並謂已蒙先師應允，爲撰序言。惜先師遽歸道山，序不果就，深感有負其師達之先生所託，因乃商之於余。嗚呼！寶良先生與其師隔海相別四十餘年，而耿耿於心，不負其師，今世之人而爲古人之事，聞之悚然相敬。寶良先生既不忍負其師，吾忍任吾師之遺志隨其肉體以俱亡乎！故勉振精神，執筆以書，非敢序達之先生之書，乃爲寶良先生精誠所感，而亦欲略達我先師之遺意，俾報教澤於萬一耳。

昔蘄春黃季剛先生嘗言：「聲韻之學，必以《廣韻》爲宗，其與《說文》之在字書，輕重略等。」往余從先師瑞安林景伊先生治《廣韻》研究、古音研究、《說文》研究諸課，先生嘗謂自清顧炎武以來，凡治徵實之學者，莫不研音韻以通文字，就《廣韻》以考古音，明古音以究《說文》，所謂明古音以通古形、古義者也。

余觀達之先生之書，研究《說文》，而首明古音，自宋吳棫、鄭庠、明焦竑、陳第及有清諸大家，自顧氏以下，莫不道及，原原本本，殫見洽聞，其治學之途，與余之所聞，何其相類耶！觀其論形聲字之得聲，則曰不出紐韻二途，此又與余之所學，如出一源。昔先師林先生景伊《形聲釋例》一文，於昔人之論形聲，以上形下聲、下形上聲、左形右聲、右形左聲、內形外聲、外形內聲爲言者，乃就形體區別，無關形聲之本旨。故特提出形聲字之分類，當以聲子聲母之聲韻異同爲別，有聲韻畢同者，有聲同韻異者，有韻同聲異者，有四聲之異者，有聲韻畢異者。而形聲字中，所以有聲韻畢異之現象者，乃無聲字多音之理也。余以先師之所授，核之於達之先生之著，幾如桴鼓之相應，絲毫而不爽失者也。

許君《說文序》曰：「蓋文字者，經藝之本，王政之始，前人所以垂後，後人所以識古，故曰本立而道生，知天下之至嘖而不可亂也。」今之治文字之學者，震慴於甲金文之古拙，棄《說文》而不觀，治文字而不達音韻者，比比皆是，以尋一畫爲得祕妙，以識一字爲洞微恉。翫其所習，蔽所希聞，不見通人之學，未睹字例之條也。今達之先生此書，將足以理群愚，解俗謬，曉學者，達神恉者矣。余拜讀之後，無任感佩，謹以此就教於達之先生，並著其緣起如斯，非敢以爲序言也。

癸酉（一九九三年）二月二十日**陳新雄**謹述於臺北市和平東路一段鍥不舍齋

緬懷恩師余仲詹先生（代自序）

二十年代後期，余就學於厦門大學中國文學係。在恩師南昌余仲詹先生講席之下習古漢語時間較長。余師以《馬氏文通》為主要例句表解語法成分，分析精微，鑿然有說服力。講授聲韻學史，獨主王懷祖二十一部古韻分類法，以收聲於「M」之音類分列為一部，最為卓識。教授文字學史，嘗謂學文字學必須以許慎《說文解字》為精讀書，而欲精研《說文》必須善書小篆方能辨識與理解六書結構以及造字法與用字法之區別。並謂余習小篆之後，進而學書鐘鼎古文——余之愛寫鐘鼎文，即從此時起者。受余師教誨之殊異處，在於課堂教授之外，經常囑余獨往其宿舍，聆其教誨，往往提命其治學方法與心得獨到見解，使余於課外獲得教益甚多。

余師好飲而量微。牀頭蓄一小酒甖，懸酒端於壁上；

生於課後晉謁時，必親酌以一盅，笑謂「清夜客來酒當茶」。以津冬菜下酒，邊飲邊論學，其樂融融然。書齋壁上懸掛余以金文書就之楹聯，時對同事老師津津譽揚。畢業論文《說文形聲字研究》即係遵余師命題而作。從分立部居至行文措詞均經恩師悉心指導。成文後，余師喜不自勝，特撰總評，情詞殷切，揄揚有加，並簽署滿分字樣，加蓋私章。其後，據傳，恩師時或對係中古漢語學子獎譽此一論着云。總評簽條，余寶藏多年，不幸於劫火中失却。

恩師逝世多年矣。余執教六十年來，在語文教學與鐘鼎書法有所體會，皆恩師所賜也。余亟亟老矣，師恩深重，未嘗一日或忘，不敢忘！

寫於龍年之秋時年八十有五

說文形聲字研究作者羊達之

說文形聲字研究目次

羊達之著

說文形聲字研究

羊達之著

一、總說

古韵之學自宋儒始。吳棫肇其端，鄭庠規其緒。二氏雖研之未精，多有疏舛，然華路藍縷之功不可沒也。明儒踵事於此者，有陳第、焦竑等。博徵詳核，匡前而啟後，於是有清一代之韵學始燦然而興也。顧炎武功深於考古，江慎修兼精於審音，分畫部居，均較前為詳明。惟諸家致力之途，皆僅及於古韵文之用韵，鮮有兼及形聲字者。至金壇段玉裁著〈六書音韵表〉，始著手於此，而嚴可均等繼之。疆宇大啟，古韻學至此，實有精進之效。蓋形聲字為造字時本音，最為可信。而〈說文〉十四篇，九千三百餘字，形聲字獨佔八十。察其聲母，其數亦在千餘。果能詳其音讀，則〈說文〉所載，其古音可知。按聲母以推其韻，則古韻文無不可讀。此實治本之道也。段氏首明此旨，作〈古十七部諧聲表〉。

其言有曰：「考周秦有韵之文，某聲必在某部，至嘖而不可亂也。故視其偏旁以何字為聲，而知其音在某部，易簡而天下之理得也。許叔重作〈說文解字〉時，未有反切，但云『某聲』『某聲』，即以為韻書可也。」綜其同部之聲為一韵表，僅須一識字之所從母，即知古隸何部，古讀何音，其功與韻書何異哉？嚴氏著〈說文聲類〉二編，以聲母為綱，以從某聲之字皆繫於聲母之下。物以類聚，其詳可得而知也。雖然，同母者古必同部，是固然矣。惟韻部究屬單簡，而形聲字至為緐賾。其緐賾之故，厥為造字時之義法甚多，不僅以疊韻字為諧聲也。是宜剖析個體，審其本字與所從聲母之關係，同一義法者，滙而彙之，庶幾知其自身之組成，而明其所以同部之理。其有同母而實不同部者，為數亦多，為類亦緐，亦得知其致然之故矣。

曩之治〈說文〉者，於形聲字亦嘗分類考究矣。有以省聲亦聲為類者，有以上形下聲、下形上聲、左形右聲、右形左聲、內形外聲、外形內聲為類者，更有以正例變例為類者：此皆就形體上剖分，未嘗有以聲韻為原則者也。一明六書之義，則徑能其事矣。本書不襲陳法，一本原始造字之理，以聲韻為之統樞，而分同音、疊韻、雙聲、旁紐雙聲、疊韻兼旁紐雙聲、一字多音、陰陽對轉等類。據《毛詩》、《易彖》、《楚辭》與凡他經有韻之文，旁及聲訓，以為之證。所用古韻部目，悉依王懷祖所定，而參以章太炎先生所證明，應分冬於東，合冬侵為一之說。所用聲紐，本於守溫三十六母，及陳蘭甫等據廣韻切語增莊初神疏為五紐為四十一紐。又據錢大昕所合併，歸輕唇於重唇，歸舌上於舌頭，及章太炎先生以喻歸影，以娘日歸泥。餘為黃侃先生所定。總計喉音影曉匣，牙音見溪疑，舌音端透定泥來，齒音精清從心，脣音幫滂並明為古音十九紐。凡古韻同紐同部者謂之同音，同部者謂之疊韻，同紐者謂之雙聲，同音組者謂之旁紐雙聲：依此為則，條分縷析，以繫乎各類之下焉．

形聲字有以雙聲之字為聲者，小學家或不明此旨，每疑其非聲，或任意改竄，而失其真．段玉裁註《說文》，始稍稍道及之．然猶未能信以為真，故容有漏畧，或設辭以解．王菉友始有專篇詳論其義．其言曰：「人部仁下云：『仁從人，二聲．』大徐改為『從二．』而曰：『仁者兼愛，故從二．』夫墨子兼愛，鼎臣不應未讀孟子．特以二聲不諧，姑為遁辭而已．不知二與仁為雙聲，故仁從二為聲．說文中此類雖非極多，亦至不乏也．」大徐治《說文》，最稱嚴謹．惟昧於此理，致遺王氏之譏．王氏所舉例證，不僅以形聲偏旁為限，蓋雙聲字可以為偏旁，可以為讀若，可以為說解，可以為二名，乃至可以代其字：其為用亦廣矣．為偏旁、為讀若者，本書皆有所論列；為說解、為二名者，非本書範圍所及；可以代其字者，經傳中用之最多；而重文形聲字偏旁，以雙聲、通借為聲者，亦此類也。

一字多音，造字時已然。考之《詩》《易》《楚騷》與凡古昔有韻之篇，及《說文》字書，俱有明證。《公羊．莊二十八年》何注：「伐」有長言短言之殊，《釋名》稱「風」有橫脣踧脣之別。《說文》言部訢下臣鉉等曰：「蓋古之字音，多與今異。如皀亦音香，釁亦音門，乃亦音仍，他皆仿此。古今失傳，不可詳究。」顧炎武《詩本音．兔罝》二章注曰：「疑古元有二音之字。」此皆首明多音之旨者也。至於造字之始，其所以一字即有多讀者，則係殊方異讀所致。顧氏《音論》以古詩中尚有一二與正音不合者，謂：「此或出於方音之不同。」王菉友《說文釋例．一字多音篇》，謂：「同此一物一事，而謂之者不同，因各制一字，如火焜之類是也．」因方言同物異呼，因而各制其字，此六書之所以有轉注也．又云：「同此一物一事，謂之者雖不同，而其字初無不同者，如隋羸之類是也．」同物異呼，而字不更制，此一字所以有多音也．章太炎先生《文始．敘例》曰：「獨體所規，但有形魄，象物既同，異方等視，各從其語以呼其形．譬之畫火，諸夏視之，則稱以『火』，身毒視之，則稱『阿竭尼』．能呼之言不同，所呼之象不異，斯其義也．」此說最確．惟章先生所指，但及於獨體象形，考之韻文字書，猶有進於此者．多音不獨象形字有之，指事形聲會意字亦皆有之．蓋不獨獨體之文為然，合體之字亦然也．章先生舉例中已具此數事矣．「丨」指事也，「㗊」會意也，「巂彝」皆形聲也．

明古韻者，於宋人之「叶韻」，咸知其非而闢之矣．然則創為「合韻」、「對轉」、「旁轉」諸說以闢方便之門者，又何為哉？古之無「合韻」也，余師仲詹著《古合韻辨》，已詳論之。其於「對轉」、「旁轉」之說，亦有所取舍。其言曰：「對轉之理，本於韻之陰陽。陰聲韻坿鼻音者，即成陽聲韻；陽聲韻去其鼻音，即成陰聲韻。故曰於音理有之。然而字音之轉變，往往改其韻而不改其聲；文字之通借，往往依其聲而不依其韻。故言雙聲，則對轉旁轉以及非對轉亦非旁轉，胥賅焉矣。」又曰：「考對轉雖於音理有之，而詩經用韻，實未嘗取徑於此。」蓋言音理，則有對轉之可能；言用韻，則未之聞也。試舉例以明之：孔廣森始大暢對轉之旨者。其《詩聲類》中於《谷風》三章之「怨」字，以對轉讀如腽，與萋協，讀萋為倭。《東門之枌》二章之「原」字，以對轉讀如俄，與差協。而在前段氏已指為歌元合韻，元脂二部合韻最近矣。不知怨原二字，本不入韻，而徑視為韻，其誤一也。孔氏誤以倭在歌部，故讀姜如倭。而《谷風》三章萋賓與嵬爲韻，《禮記·檀弓》孔子歌，萎與頹壞爲韻，《詩·四牡騑騑》倭遲懷歸六字爲韻，皆古脂部音也。段氏列在十五部（脂部）是矣。孔氏不知，其誤二也。怨可讀如肥，原可讀如俄，既非對轉之義，亦別無他證，誤三也。然則古人用韻，皆古本音，實無對轉旁轉之說。《詩經》如此，他經亦未嘗不如此。惟文字之初造，則有取經於對轉者。試觀形聲字本字與所從聲母，及重文二字之形聲偏旁，有韻部遠隔，無關聲鈕，而確係陰陽二部對轉以爲聲者，此即造字所取徑也。

《說文》許冲《後序》曰：「此十四篇五百四十部也。九千三百五十三文，重一千一百六十三。」此重一千一百六十三文中，考其體，則有古文、籀文、篆文、或體、俗體、奇字、及秦刻石、通人說、《墨子》等書異體字。考其數，則或體字約居十之八九：此或出於《

倉頡》、《史籀》、《壁中書》，或出於《凡將》、《訓纂》，蓋皆小篆之殊文，古籀之異體也。考其文，則幾皆形聲字，非形聲者百中之一二耳。形聲字得聲之義理，亦皆見於重文。本章所取，非重文與本字俱為形聲者不錄，所以比較兩形聲偏旁之關係也。形聲字有以雙聲之字為聲者。本字與所從聲母，見於古韻文者，顯係兩部，如存、那、敢、仍等是也。有於韻文無證，證之重文，知其本字為以雙聲之字為聲者。如頞、琨等字。頞從頁，安聲。重文作齃，從鼻曷聲。琨從玉昆聲。重文作瑻，從玉貫聲是也。又如曾從四聲，從雙聲也。繒從曾聲，而知亦從雙聲者，以重文作綷，從宰省聲也。而頞之從安與齃之從曷，繒之從曾與綷之從宰，兩兩相較，亦雙聲也。故於重文中兼收之，以明其雙聲通借以為聲也。各擅其用，不相牴牾。旁紐雙聲及對轉同此理者，皆兼存之。

形聲字得聲雖不出紐韻二途，然錯綜為用，其法至廣，尚有不可以紐韻推求，而又錄在《說文》，注為形聲者，亦何故歟？察其來歷，蓋有說焉。太史籀著大篆十五篇，已與古文或異，而李斯等復取古文大篆或頗省改而成小篆。所謂省改者，省古籀之緐重，或改其怪異也。則省改古籀而成之小篆，非古籀矣。古籀之緐重怪異者，其形聲往往不可推求，今存於《說文》重文者，猶得見其一二。省而改之，以顯其形聲也。顯其形，則必有與古籀之體勢異者矣；顯其聲，則必有與古籀之六書義法不合者矣。故《說文》中小篆為形聲字者，而重文不必皆然。𣪊以鐘鼎甲骨之文，《說文》篆譌者，蓋百有數十。其故一也。秦令書同文，罷其不與秦文合者，而七國固有其異形文字在。秦祚不久，其字未盡泯滅也。秦亡而天下分崩，不統於王之局面，與嬴秦之前，無以異也。況人事日緐，文字不濟於用，遂以流變之音，造為當代之字。仿形小篆者固多，一仍七國之異形者，亦至緐蕪。六書之旨，或不異於古，而形聲字本字與所從聲母，覈之於古，或同或異矣。寖假而至東漢，其間又二百數十年，孳乳益多，疏舛益甚，然皆通行於當時。許氏擇其無乖六書之旨者錄之，亦所以同文罷異也。苟非鄉壁虛造不可知之書，如馬頭人為長，人持十為斗之類者，未可全廢。故許書「法」下說為今文，而字乃作篆體。其故二也。段玉裁及嚴、王諸家，咸謂許書無今文例，係後人以隸書增入。然謂許氏不言今文則可，謂不列今文，勢不可也。況「灋」字作篆文，又非隸體，則言今文者，必非漢後人語可知。第以漢人作「灋」篆，皆省廌，而為通行今文之一，故許氏錄之也。許氏成書以後，至趙宋有雕板之前，其中研摩誦習者，全賴傳抄，譌誤之處，皆在於不經意之間。大小徐兄弟也，同治《說文》。小徐從某聲者，大徐或無聲字，或小徐無而大徐衍之。由此知大小徐之有從某聲者，亦豈盡《說文》之舊觀哉？凡不知音理者，刪聲衍聲，亦一惟主觀是任耳。其故三也。以上三端，如有其一，已大費推求，況多乎哉？治《說文》者，一遇此等字，或視而不察，囫圇而過之；或憚其難也，畧而不講；或欲窮究其理，不惜費辭，遂成諸家聚訟之的。因此而發明隱晦者有之；陳說相因，習非成是者有之；而翻新立異，各自為說，竟莫衷一是者亦有之。誠以年世緜遠，譌謬相仍，施治至為不易。今者學不及古，乃欲一一為之決定，何可得哉！姑就瀏覽所及，掇為一類，併疏所見於此。

自唐僧人守溫銓次三十六字母，等韻家每以脣舌牙齒喉為之分類。今數之發音學，其命名既未允當，而分類亦有疏舛。音之發也，由於聲帶之顫動，而聲帶之所在即喉也。音既皆發於喉，則分類聲母，不得復以喉音名其類矣。此喉音之名未為允當也。音發於喉，因經口腔所受阻厄之部位不同，乃有數種聲類之異。約其類，有顎（即舌前阻與舌後阻。前者為舌前與硬顎之阻，後者為舌與軟顎之阻。又稱舌根阻。）、舌、齒、脣之別，而牙不與焉。等韻家之所謂牙，即生理學所謂凹齒者也。牙之前為雙頭齒，雙頭齒所中夾者為門齒，即等韻家之所謂齒者也。缺脣者發脣音必不顯，缺門齒者則齒音不成，絆舌者則脣、舌、齒音皆不分明，而老年之無凹齒者，讀見、溪等聲紐字，其爽晢無異於少壯。益見、溪等發音所受之阻厄，在於舌前舌後，而不在於凹齒。凹齒之於發音，一無所阻。此牙音之名未為允當也。

元刊本《玉篇》載有《廣韻指南》十頁，其中有《五音聲論》，《辨字五音法》，《辨十四音法》三種。《五音聲論》—論者咸推為字母之濫觴—分字母為五聲。列於東方喉聲下者，為「何、我、剛、諤、謌、可、康、各」八字。列於中央牙聲下者，為「更、硬、牙、格、行、韋、亨、客」八字．按照守温字母，喉聲八字中，「何」匣也，「我、謌」疑也，「剛、訶、各」見也，「硬、牙」疑也，「行、韋」匣也，「亨」曉也，「客」溪也．曉、匣、見、溪、疑五紐，互見於喉、牙二聲，而無影、喻，為三聲之字。《辨字五音法》，牙聲「迦、佉」，喉聲「綱、各」。「綱、各、迦」見也，「佉」溪也．以見、溪為喉、牙二聲之例。《辨十四音法》，舌根聲為「奚、鷄、溪」等，匣、見、溪也。牙聲為「迦、佉、俄」等，見、溪、疑也．齶聲為「鴉、囂」等，為、曉也．喉聲為「雅、加、瘕」等，影、見、見也．舌根則匣、見、溪兼收，喉聲則影、見並存：此皆守温以前相傳之舊法，其喉、牙二音之所屬，混淆支離，漫無定界之可言，可知也．《廣韻指南》中尚有《三十六字母五音五行清濁旁通撮要圖》一種，列見、溪、羣、疑為牙音，影、曉、匣、喻為喉音。《韻鏡》一書，則但標脣、舌、清、濁等字，不列聲母之名。然察其所列廣韻部目，喉、牙二音之所屬，實與《撮要圖》無異。《切韻指掌圖》，《四聲等子》等，則又但列聲母，不標脣舌等名。然影、曉、匣、喻為一組，見、溪、羣、疑為一組，與《撮要圖》《韻鏡》皆無異也。江慎修審音最精，其辨七音法中，列為喉、牙二音之字母，亦與前書所列無異，而以曉、匣為淺喉，以影、喻為深喉。至章太炎先生編《二十一紐古韻凡目》，以喉、牙為一類，舌、齒為一類，脣音獨為一類。而以晁公武《郡齋讀書志》之說，稱見、溪、羣、疑為喉音，又曰深喉音；曉、匣、影、喻為牙音，又曰淺喉音。更至黃侃先生編定《古音十九紐表》，復以影、喻、為、曉、匣為喉音，見、溪、羣、疑為牙音，一反其舊：此守溫以後流傳之新法，等韻家對於喉、牙二音游移無定之迹也。

誠以名不正則無所適從也。今試以發音學考之：〈國音字母〉之ㄍ、ㄎ、ㄫ、ㄏ四聲母，即〈萬國輔音符號〉之g K ŋ h，即守溫字母之見、溪、羣、疑、曉、匣六紐之洪音也。〈國音字母〉之ㄐㄑㄒ三聲母，〈萬國輔音符號〉之dʒ tʃ ʃ，即守溫字母之見、溪、羣、曉、匣五紐之細音也。ㄍㄎㄫㄏ，g K ŋ h，同一舌根阻也。ㄐㄑㄒ，dʒ tʃ ʃ，同一舌前阻也。則曉、匣何得與見、溪、羣、疑分為二類哉？而影、喻二紐及陳澧所增之為紐，皆元音也，又安可與曉、匣合為一類哉？故謂喉、牙二音命名之失當，而等韻家分隸二音之聲母至為支離者，即此故也。古今字音之流變，每由舌根轉為舌前。即今讀為舌前阻者，多為古之舌根阻，而今音之為舌根阻者，是古今所同也。故見、溪、羣、疑、曉、匣六紐，各有洪細二讀。論今音，則六紐宜重列為二組；論古音，則但有見、溪、疑、曉、匣五紐一組而已。章先生謂「喉牙古相通轉，今亦不殊」者，正因其不可分，而以千百年之因習，又不得不分，故曰「相通轉」也。曉、匣之與見、溪、羣、疑非通轉也，旁紐雙聲也。江從工聲，滸從許聲等，為古今音洪細之轉。河從可聲，洪從共聲，澮從會聲等，旁紐雙聲也。影、喻、為三紐，當另為一組，名之曰元音，不與見、溪等通轉。見、溪、羣、疑、曉、匣六紐曰舌根音。更另列之，曰舌前音。古無舌前音，則但存舌根見、溪、疑、曉、匣五紐，而舌前音坿之，以成一組。前所謂舌音者，則各以其本名名之，曰舌頭音，曰舌上音，曰齒舌間音。古音但存舌頭，以成一組，舌上與齒舌間分隸之次。及脣齒等名悉仍黃氏之舊可矣。本書敘列之疊韻字及不可以聲韻推求之形聲字，其中頗有見、溪、疑、曉、匣同組之旁紐雙聲字。然不徑列於旁紐雙聲或疊韻兼旁紐雙聲二類中者，因屬創說，尚有待於韻學專家之審定，故僅記於此。而書中所用之聲類，仍一遵黃氏之說焉。

附表

一　守溫三十六字母與國音聲母對照表

守溫三十六字母	見	溪	羣	疑	端	透	定	泥
廣韻四十一紐較守溫字母增益之五紐								
江慎修辨七音法	牙音				舌頭音			
發音學類別聲母法	舌根音 舌前音				舌尖音			
國音聲母	ㄍ ㄐ	ㄎ ㄑ		ㄫ ㄒ	ㄉ	ㄊ		ㄋ

知	徹	澄	娘	幫	滂	並	明	非	敷	奉	微	精	清	從
舌上音				重脣音				輕脣音				齒頭		
翹舌葉音				雙脣音				脣齒音				平舌		
ㄓ	ㄔ		ㄋ 广	ㄅ	ㄆ		ㄇ	ㄈ			万	ㄗ	ㄘ	

心	邪	照	穿	牀	審	禪	曉	匣	影	喻	來	日
		莊	初		神	疏				為		
音		正齒音					喉音				半舌音	半齒音
葉音		翹舌葉音					舌根音	舌前音	元音(韻母)		舌尖邊音	舌葉邊音
ㄙ		ㄓ	ㄔ		ㄕ		ㄏ	ㄒ			ㄌ	ㄖ

（二）章太炎先生二十一紐古音凡目（旁注者古音所無）

喉音（亦曰深喉音）	牙音（亦曰淺喉音）	舌音	齒音	脣音
見	曉	端（知）	照（精）	幫（非）
谿	匣	透（徹）	穿（清）	滂（敷）
羣	影（喻）	定（澄）	牀（從）	並（奉）
疑		泥（娘日）	審（心）	明（微）
		来	禪（邪）	

（三）黃季剛先生古聲十九紐表（旁注者古音所無　本書即以此表為根據）

喉音	牙音	舌音	齒音	脣音
影（喻為）	見	端（知照）	精（莊）	幫（非）
曉	溪（羣）	透（徹穿審）	清（初）	滂（敷）
匣	疑	定（澄神禪）	從（牀）	並（奉）

泥 娘日	心 疏邪	明 微
來		

（四）王念孫二十一部古韻表

部	平	上	去	入
東第一	平	上	去	
蒸第二	平	上	去	
侵第三	平	上	去	
談第四	平	上	去	
陽第五	平	上	去	
耕第六	平	上	去	
真第七	平	上	去	
諄第八	平	上	去	
元第九	平	上	去	
歌第十	平	上	去	
支第十一	平	上	去	入

部	平	上	去	入
至第十二			去	入
脂第十三	平	上	去	入
祭第十四			去	入
盍第十五				入
緝第十六				入
之第十七	平	上	去	入
魚第十八	平	上	去	入
侯第十九	平	上	去	入
幽第二十	平	上	去	入
宵第廿一	平	上	去	入

按王氏韻表，顯分二類。自東至歌之十部為一類，皆有平上去而無入。自支至宵之十一部為一類，或四聲皆備，或有去入而無平上，或有入而無平上去，而入聲則十一部皆有之。正與前一類之無入者相反。王氏自謂此皆以九經楚

辭用韻之文為準，而不從《切韻》之例．然夷考古韻文之用韻，實僅有平入之分，而無上去．黃季剛先生謂「古音但有陰聲陽聲入聲三類．陰陽聲皆平也，其後入聲少變而為去，去聲少變而為上，故成四聲．（四聲成就甚遲，晉、宋間人詩，尚去入通押．）近世段君始明古無去聲，然學者尚多執古有四聲之說．其證明古止二聲者，亦近日事也．」此論最精確．本書所用古韻部目，悉依王氏所定，而兼採黃氏無上去之說．茲復參照余師仲麐《古韵二十一部諧聲表》之法，取《廣韻》部目及《說文》諧聲偏旁，就王氏二十一部目為作諧聲表如下：

（五）古韻二十一部諧聲表

陽聲九部

（一）東部　平聲　洪音　合口呼

《廣韻》東○鍾江　董腫講　送○用絳。（《廣韻》韻目旁加△識者，謂《廣韻》此部之字，在古韻本部者約三之一也。加○識者半數，加□識者三之二，無識者全部。餘不悉著，後皆仿此。）

凡從左列諸聲母諧聲之字，古韵皆在東部。

東、同、戎、豐、充、公、工、冢、冡、囪東、舂、容、嵩、凶、邕、从、丰、嗧鍾、尨、肯、雙江、孔董、軵、宂、冢、收、竦腫、送、弄送、用用、邕絳

（二）蒸部　平聲　洪音　開合呼

《廣韻》蒸登　拯等　證嶝。

凡從左列諸聲母諧聲之字，古韻皆在蒸部。

丞、夌、仌、凭、蠅、乘、升、兢、徵、興、再蒸、登、瞢、曾、朋、厷登、肎等、亙嶝、（別收）弓東、㬺寢

（三）侵部　平聲　洪音　開口呼

《廣韻》東。冬、侵、覃、談△、咸。凡。寑、感、敢△、豏。范。送。宋、沁、勘、闞△、陷。梵。

凡從左列諸聲母諧聲之字，古韻皆在侵部。

中、蟲、終、躬東、彤、農、宗冬、侵、林、壬、罙、冘、𡈼、心、琴、乑、今、音、森、火、兂侵、男覃、三談、咸咸、凡凡、㐭、羊、罙、甚、品寑、眾送、宋宋、闖沁、（別收）夅江、彡銜

（四）談部　平聲　洪音　開口呼

《廣韻》談□、鹽、添、咸。銜、嚴、凡。敢□、琰、忝、豏。檻、儼、范。闞□、豔、㮇、陷。鑑、釅、梵。

凡從左列諸聲母諧聲之字，古韻皆在談部。

甘、弇談、僉、占、炎、𤆍、𢦏鹽、兼添、㲋咸、芟銜、韱、马感、敢敢、𠬪、冄、染、焱、夾、閃、奄琰、忝忝、

斬𧆞、广儼、山、夋㺸、囱㮦、臽陷、欠梵

（五）陽部　平聲　洪音　開合呼

《廣韻》陽、唐、庚。養、蕩、梗。漾、宕、映。

凡從左列諸聲母諧聲之字，古韻皆在陽部。

昜、羊、香、皀、章、昌、畕、長、方、匚、相、办、亡、爿、王、央陽、倉、亢、桑、㞷、光、尢、卬唐、庚、𦎧、彭、京、兵、兄、卵、行、毀庚、象、㚅、弜、冂、爽、亨、丈、网、上、𦍌養蕩、丙、秉、永、皿、囧、丱、杏、梗、𢆉、向、匠、望、䍐漾、竟、誩、慶映、（別收）黽耿、竝迴

（六）耕部　平聲　細音　開合呼

《廣韻》庚。耕、清、青。梗。耿、靜、迥。映、諍、勁、徑

凡從左列諸聲母諧聲之字，古韻皆在耕部。

平、鳴、生庚、䴗、爭、耕、晶、盈、嬴、贏、貞、

名、并、頃清、青、刑、邢、形、丁、甹、霝、盈、冥、熒、冂青、省梗、耿、幸耿、井靜、炅、鼎、壬、迥、敬映、正、敻、令勁、磬、鑿徑

（七）真部　平聲　細音　開合呼

《廣韻》真□、諄○、臻、先□、軫□、準○、銑□、震□、稕○、霰□

凡從左列諸聲母諧聲之字，古韻皆在真部。

真、因、辛、臣、人、儿、申、塵、寅、𦘒、秦、頻、顰、民真、勻、旬諄、粦、扟臻、天、田、幵、玄先、引、叉軫、尹、隼準、扁銑、信、囟、胤、印、丙、晉、朮、秋、舜震、容、閏稕、衍、奠霰

（別收）节桓、便、虔仙、轟耕、觲清、齔隱、丨、壼混、丏、辡獮

（八）諄部　平聲　洪音　開合呼

《廣韻》真△、諄○、文、欣、魂、痕、軫△、準○、吻、

隱、混、很、震△、稕。、悶、焮、恩、恨

凡從左列諸聲母諧聲之字，古韻皆在諄部。

辰、巾、困真、章、蟲、侖、屯諄、文、雲、壹、分、熏、君、軍文、殷、堇、斤、筋、炊欣、昆、罤、蚰、㿻、門、孫、飧、尊、存、㞙、豚、奔、昏魂、㐱軫、允、盾準、㒼乚隱、本、鯀、衮混、孔、刃、疢震、奮、糞問、圂、困、寸恩、㫐恨

（別收）西齊、萬桓、豩刪、先先、川、員仙、典銑、舛獮

（九）元部 平聲 洪音 開合呼

《廣韻》元、寒、桓、刪、山、先△、仙、阮、旱、緩、潸、產、銑△、獮、願、翰、換、諫、襇、霰△、線

凡從左列諸聲母諧聲之字，古韻皆在元部。

元、遷、原、爰、吅、煩、楙、冤、鯀元、寒、單、丹、安、奴、㕛、戔、干、看寒、雈、丸、萈、

耑、官、毌、華、般桓、刪、絲、㒼、班、奐、丱、姦、奻、刪、山、閒、閑、虤山、前、肩、幵、縣、蠲先、鱻、鮮、𢍏、肰、羴、廛、連、聯、𢇍、宀、𦤎、全、泉、延、㕣、亘、穿、叀、次、辛、焉、䜌仙、㫃、反、夗、㚇沇、㪔、侃、厂旱、短、眀、㚘、斷綫、叀産、顯、関、犬、く銑、𧺝、衍、珏、𠷎、谷、善、雋、𧶠、耎、𢍏、𡰪獮、曼、建、憲、虔顏、旦、瞨、贊翰、𤔔、彖、奐、𢍃、祘、半、盥、爨、竄換、宦、患諫、采、幻襇、見、燕、薦、片、冃冕、面、肩、𦉼、兇、頁、巴綫

陰聲十二部

（十）歌部　平聲　洪音　開合呼

《廣韻》支△、歌、戈、麻。紙△、哿、果、馬。寘△、

箇、過、禡。

凡從左列諸聲母諧聲之字，古韻皆在歌部。

乀、為、𠂹、吹、离、羅、罵、惢、衰、夊支、多、它、羅、𠄎歌、戈、禾戈、麻、加、沙、叉麻、厽、户紙、ナ哿、果、朵、貞、𥝖、羸、垩、𠂣果、冎、𦍌、瓦、千馬、臥過、乜禡

（別收）兮齊、乖皆、罷蟹、丽霽、杮卦

（十一）支部　平聲　細音　開合呼

《廣韻》支△、齊○、佳　紙△、薺○、蟹　寘△、霽○、卦

麥△、昔○、錫△

凡從左列諸聲母諧聲之字，古韻皆在支部。

支、厄、兒、卑、斯、虒、知、危、規支、圭、巂齊、只、是、豸、芈紙、買、廌、解蟹、朿、企寘、畫、𠂢卦、冊、戹、餐、爿麥、脊、益、易、役、辟、彳昔、析、鬲、秝、毄、狄、冖、糸、狊、覛錫

（十二）至部　入聲　細音　開合呼

《廣韻》至△　質、櫛、黠○、屑□

凡從左列諸聲母諧聲之字，古韻皆在至部。

至、疐(至)、質、日、實、𩔊、悉、一、吉、七、桼、乜、逸、栗、畢、丿、乙(質)、八(黠)、必、𠃌、血、頁(屑)

(別收)所(真)、鬢(銑)、徹、耿、設、眥(薛)、归(職)

(十三)脂部　平聲　洪音　開合呼

《廣韻》支△、脂、微、齊○、皆、灰□、紙△、旨、尾、薺○、駭、賄□、寘△、至□、未、霽○、怪、隊、術、物、迄、没

凡從左列諸聲母諧聲之字，古韻皆在脂部。

夷、厶、尸、綏、伊、奞、夔、眉、佳(脂)、㞗、囗、非、稀、飛、肥、威、幾、衣、㠯(微)、齊、妻、禾、叶、枅、鹽(齊)、皆、褱(皆)、灰、回、囘、枚、靁、㠯(灰)、毁、委、此、爻、尒、揣、豕(紙)、美、彖、几、匕、矢、菌、奺、履、水、尿、𣎼、癸、夂

、背旨、尾、朏、艸、虫尾、豊、弟、启、米、匚、
氏齊、磊、罪、臯蛸、罟、寘、利、秎、二、覞、示
、器、位、魁、自、白、采、四、㬎、季、棄、
燹、叀至、未、胃、彙、鬻、畏、尉、忍、豙、旡
、气未、計、惠、戾、盭、系齋、甴、頪、對、退、
孛、内隊、朮、聿、出、帥術、乀、弗、勿、鬱、由
物、叉、骨、突、舀、兀、圣、卒、去沒
（別收）寽止、火果、害、彑祭、隶代、率質

（十四）祭部　入聲　洪音　開合呼

《廣韻》祭、泰、夬、廢、月、曷、末、黠、鎋、
屑、薛

凡從左列諸聲母諧聲之字，古韻皆在祭部。

祭、衛、贅、毳、脃、罽、叡、睿、筮、㓹、彗
、制、广、埶、砅、世祭、大、盇、匄、帶、殺、
貝、會、兑、巜、最、外、介、丰泰、夬、蠆夬、吠

、乂廢、月、伐、罰、曰、粵、乚、欮、寽、孑、
亅月、穴、屮、刺、卨、歺、尒曷、末、奪、友、臤
、癶末、乙、殺、叏黜、首、劌、蔑、隉、臬屑、桀、
旨、禼、肖、折、舌、叕、絕、𢇍、劣、別、孑
、𡕢、威、屮、㕞薛

（別收）萬蠆、医瘞、丙栝、戉、寽術、市物、寣黜、雀藥

（十五）盍部　入聲　洪音　開口呼
《廣韻》盍。、葉、帖、洽。、狎、業、乏
凡從左列諸聲母諧聲之字，古韻皆在盍部。
盍、曷盍、枼、涉、毚、聶、嵒、耑、妾、耴、曄
、㬎業、劦、燮、耴帖、臿、囟洽、甲、夾狎、業、劫業
灋、乏之

（十六）緝部　入聲　洪音　開口呼
《廣韻》緝、合、盍。、洽。
凡從左列諸聲母諧聲之字，古韻皆在緝部。

咠、十、習、集、入、廿、及、亼、㕣、品、立、邑、翌緝、沓、譶、眔、龖、雥、帀、㬎、卅合、（別收）卒業、疊帖

（十七）之部　平聲　洪音　開合呼

《廣韻》之、灰△、咍、尤△止、賄△、海、有△志、代、宥△屋△、麥△、職、德

凡從左列諸聲母諧聲之字，古韻皆在之部。

之、臣、疑、司、絲、思、而、甾、丌、辭、辝、由、𠩺、醫之、開、臺、才、來、灾、巛哈、郵、牛、丘、不、裘尤、止、喜、以、已、己、史、耳、里、士、子、齒止、宰、乃、亥、采、毒海、久、婦、負有、㚇、意、異志、再代、又、富宥、艮、㒸、伏、牧屋、麥、革麥、戠、直、力、敕、陟、食、息、赩、匿、畟、啚、肊、色、嗇、亟、棘、茍、弋、或、面、仄、夨、畐職、㝵、則、克、黑、北、

寔德
鯙

（別收）黿腊、畐宥、毋、某厚、葡至、戒怪、佩隊、輆陌、皀

（十八）魚部　平聲　洪音　開合呼

《廣韻》魚、虞。模、麻。語、麌。姥、馬。御、遇。暮、禡。藥。鐸。陌、麥。昔。

凡從左列諸聲母諧聲之字，古韻皆在魚部。

魚、初、凥、舁、予、疋、凵魚、巫、毋、亏、夫、虞、乎、壺、匃、圖、虍、吳、烏、於、麤模、車、朩、瓜、家、巴、牙麻、圉、呂、旅、宁、与、鼠、黍、処、女、巨語、羽、禹、雨、武、無、父麌、土、鹵、古、鼓、兆、盬、五、午、户、普姥、馬、叚、睪、且、寡馬、庶御、眀遇、莫、兔、互、素、步、庫暮、亞、乍、夏、下、舍、䠶、襾禡、若、叒、乇、舄、谷、矍藥、霍、各、叡、索、𩫏、霸鐸、

百、白、乇、丮、㝉、虢、隻、𦍒陌、昔、亦、睪、尺、赤、石、炙、隻、夕昔

（十九）侯部　平聲　洪音　合口呼

《廣韻》虞○、侯　麌○、厚　遇○、侯　屋△、燭□、覺△

凡從左列諸聲母諧聲之字，古韻皆在侯部。

芻、須、需、几、俞、臾、區、朱虞、侯、婁、兜、句侯 ●、乳、取麌、晕、后、後、斗、走、口、豎厚、禺、敄、𦘒、戍、具、付、豈遇、寇、豆、鬥、奏、冓、屚侯、屋、谷、𣪊、禿、哭、彔、鹿、族、卜、㱿、木、豕、（屋）玉、獄、辱、束、曲、蜀、足、亍、厙、粟燭、玨、角、㱿覺

（別收）晝宥、菐沃

（二十）幽部　平聲　洪音　開口呼

《廣韻》蕭○、宵○、豪○、尤□、幽　篠○、巧○、晧○、有□、黝　嘯○、效○、号○、宥□、幼　屋△、燭△、覺△

凡從左列諸聲母諧聲之字，古韻皆在幽部。

卤、幺蕭、勹肴、本、牢、棘、叜、褎豪、惪、流、攸、甹、由、周、舟、州、雔、丩、蒐、休、囚、汓、㔾、盩、求、矛、牟尤、麀、彪、鳧幽、鳥筱、卯、叉巧、老、討、道、艸、早、夰、臭、好、冃、午、丂皓、丑、肘、韭、九、百、首、手、守、阜、缶、臼、咎、丣、酉、牖、帚有、告、奥、報、致号、㱿、臭、祝、翏、秀、畱、就宵、幼幼、肉、叟、目、复、六、匊、尗、孰、畜、逐、竹、衄、恖沃、肅、夙、西屋、局臼燭，

（別收）孚虞、奭、髟、焦宵、簋百、牡、叜厚、戊候、毒

（二十一）宵部　平聲　洪音　開口呼

《廣韻》蕭。宵、肴。豪。篠。小、巧。皓。嘯。、笑、效。号。沃、覺□藥。鐸。錫□

凡從左列諸聲母諧聲之字，古韻皆在宵部。

梟、県、敫、垚蕭、囂、焦、苗、要宵、爻、交、巢肴、高、勞、毛、叏、刀、敖豪、了、皀、宵、杳、褭、䍃繇、小、兆、麃、少、夭、表、受小、爪巧、𡿺、棗、杲、顥皓、弔、敫、尿、料嘯、覞、奡笑、罩、皃效、号、盜、暴、喿号、隺沃、樂、卓、丵覺、龠、广、敫、勺、弱、虐、㲋、爵藥、翟、伙錫

（六）古韻二十一部對轉假定讀音表

陰聲十二部				陽聲九部			
歌	平洪	開	o ㄛ				
		合	vo ×ㄛ　ㄛ				
（錫）祭	入洪	開	ɑt ㄚㄊ	元	平洪	開	ɑn ㄚㄋ
		合	vɑt ×ㄚㄊ			合	vɑn ×ㄚㄋ　ㄢ
		開	ei ㄝㄧ			開	en ㄝㄋ

部	聲調洪細	開合	擬音	注音	韻符
脂	平洪	合	vei	ㄨㄜㄧ	ㄟ
至（質）	入細	開	it	ㄧㄊ	
		合	yt	ㄩㄊ	
支	平細	開	i	ㄧ	ㄧ
		合	yi	ㄩㄧ	
魚	平洪	開	a	ㄚ	ㄚ
		合	va	ㄨㄚ	
侯	平洪	合	v	ㄨ	ㄨ
之	平洪	開	e	ㄜ	ㄜ
		合	ve	ㄨㄜ	
幽	平洪	開	ev	ㄜㄨ	ㄡ
緝	入洪	開	ep	ㄜㄆ	
宵	平洪	開	ɑv	ㄚㄜㄨ	ㄠ
盍	入洪	開	ɑp	ㄚㄜㄆ	
諄	平洪	合	ven	ㄨㄜㄋ	ㄣ
真	平細	開	in	ㄧㄋ	
		合	yn	ㄩㄋ	
耕	平細	開	iŋ	ㄧㄫ	
		合	yŋ	ㄩㄫ	
陽	平洪	開	aŋ	ㄚㄫ	ㄤ
		合	vaŋ	ㄨㄚㄫ	
東	平洪	合	vŋ	ㄨㄫ	
蒸	平洪	開	eŋ	ㄜㄫ	ㄥ
		合	veŋ	ㄨㄜㄫ	
侵	平洪	開	em	ㄜㄇ	
談	平洪	開	ɑm	ㄚㄜㄇ	

開合凡三十四類

（七）假定廣韻四十一紐類別表

元音	影　為　喻
舌根音（洪音）	見　溪　羣　疑　曉　匣
舌前音（細音）	見　溪　羣　疑　曉　匣
舌頭音	端　透　定　泥
舌上音	知　徹　澄　娘
齒舌間音	來　日
齒頭音	精　清　從　心　邪
正齒音	照莊　穿初　神牀　審疏　禪
雙脣音	幫　滂　並　明
脣齒音	非　敷　奉　微

（八）假定古音十九紐類別表

元音	影　為　喻
舌根音	見　溪　羣
舌頭音	端（知照）　透（徹穿審）
齒音	精（莊）　清（初）
脣音	幫（非）　滂（敷）

疑	定澄神禪	從牀	並奉
曉	泥娘日	心疏邪	明微
匣	來		

二、同音

（甲）本字與所從聲母韻紐皆同，一目瞭然，不待證明者。

祿從彔聲，祐從右聲右從又聲，琠從典聲，璋從章聲，珊從刪省聲，茄從加聲，返從反聲，論從侖聲，議從義聲，殹從医聲，矣從㠯聲，憂從㥑聲，宮從躳省聲之類，古今音必同紐同部，不待證明。

（乙）本字與所從聲母韻部同而紐與古異，或紐同而今韻有四聲之異，於古為同音者。

祠從司聲。祠、似茲切，邪紐也。司、息茲切，心紐也。古音邪紐歸心。（本篇言古音某紐歸某，悉依黃侃先生古十九紐說。）祠司古今音同為之部。（本篇所用古韻部目，悉依王懷祖所定。）是同音也。

⿱艹⿰睪殳從⿰睪殳聲。⿱艹⿰睪殳、女庚切，娘紐也。⿰睪殳、乃庚切，泥紐也。古音娘日歸泥。⿱艹⿰睪殳⿰睪殳今音同在庚部，於古為陽部。是同音也。

夢從夢聲，夢從瞢省聲，古今音皆屬明紐。（夢、莫中切，瞢、木空切。）今音同在東部，于古為蒸部。（《詩．雞鳴》夢與薨憎為韻。薨從瞢省聲。《正月》夢與蒸勝憎為韻）是同音也。

詠從永聲，今音同在為紐（詠為命切，永于景切），于古為影紐。詠在映部，永在梗部，古音不分上去，同為陽部。是同音也。

詒從台聲，台從以聲，今音同屬喻紐（詒與之切，㠯羊之切），於古為影紐。詒在之部，㠯在止部，古無平上之別，同為之部，是同音也。

腎從臤聲，臤從臣聲，今音腎臣同屬禪紐（腎時忍切，臣植鄰切），於古為定紐。腎在軫部，臣在真部，古無平上之別，同為真部，是同音也。

賒從余聲，余從舍省聲，今音賒舍同屬審紐（賒式車切，舍始夜切），於古為透紐。賒在麻部，舍在禡部，古無平去之別，同為魚部，是同音也。

錦從金聲，金從今聲，古今音皆屬見紐（錦居飲切，金今均居吟切）。錦在寑部，金今在侵部，古音無平上之別，同為侵部，是同音也。

在從才聲，古今音皆屬從紐（在昨代切，才昨哉切）；在在代部（亦在海部）；才在咍部，古無平上去之別，同在之部，是同音也。

勇從甬聲，甬從用聲，今音同屬喻紐（勇余隴切，用余頌切），於古為影紐。勇在腫部，用在用部，古音不分上去，同在東部，是同音也。

（丙）本字與所從聲母今音韻部遠隔，證以古韻文及聲訓而知實係同音者。

每從母聲。每，武罪切，微紐也，於古為明紐。母、莫后切，古今音同屬明紐，是同紐也。而每在賄部，母在厚部，韻不同矣。然〈詩．將仲子〉母與子、里、杞為韻。〈四牡〉母與止、杞為韻。晦從每聲，〈風雨〉晦與子、喜為韻。海亦從每聲。〈沔水〉海與止、友、母為韻。則每、母古必同部（之部），是同音也。

艾從乂聲，古今音同在疑紐（艾、五蓋切，乂、魚廢切），而艾在泰部，讀洪音，在在廢部，讀細音，韻不同矣。然艾、乂古字通用。〈漢書．郊杞志〉「天下艾安」，即乂安也。〈說文〉乂或作刈。〈離騷〉刈與穢為韻。穢從歲聲。〈詩．閟宮〉歲與大、艾、害為韻。噦亦從歲聲，〈庭燎〉噦與艾、晰為韻。則艾、乂古必同部（祭部），是同音也。

芐從下聲，古今音同屬匣紐（芐、矦古切，下、胡雅切）。而芐在姥部，下在馬部，韻不同矣。然《詩．宛丘》下與鼓、夏、羽為韻，《七月》下與股、羽、野、宇、戶、鼠、戶、處為韻。《說文》芐下曰：「《禮》鈃毛羊藿羊芐豕薇是。」今《禮》作羊苦。《儀禮．士虞禮記》注「古文苦作楛，今文或作芐。」《公食大夫禮記》、《特牲》、《饋食禮記》注皆曰：「今文苦為芐。」《詩．凱風》苦與下為韻，《采苓》苦與下、與為韻。則芐、下古必同部（魚部），是同音也。

蕭從肅聲。古今音同屬心紐（蕭、蘇彫切，肅、息逐切），而蕭在蕭部，讀細音，肅在屋部，讀洪音，韻不同矣。然《詩．采葛》蕭與秋為韻，《下泉》蕭與周為韻，《楚詞．山鬼》蕭與憂為韻。繡從肅聲，《詩．揚之水》繡與晧、鵠、憂為韻。《有瞽》肅與蕭為韻（蕭蕭同音），則蕭肅古必同部（宵部），是同音也。

苽從瓜聲。古今音同屬見紐（苽、古胡切，瓜、古華切），而苽在模部，瓜在麻部，韻不同矣。然《詩．七月》瓜與壺、苴、樗、夫為韻，《左傳．哀十七年》衛侯夢渾良夫歌瓜與虛、夫、辜為韻。《說文》苽下曰：「雕苽亦名蔣。」《廣雅釋艸》「菰、蔣也。其米謂之胡苽。」《周禮．大宰》釋文「苽本作菰。」《校官碑》「履苽竹之廉」，孤作苽。《易．睽上九》孤與塗、車、弧、弧為韻，《左傳．僖十五年》伯姬嫁秦筮辭孤與弧、姑、逋、家、虛為韻。則苽瓜古必同部（魚部），是同音也。

萌從明聲。今音同屬微紐（萌、武庚切，明、武兵切），於古為明紐。而萌在耕部，明在庚部，韻不同矣。然《易．屯卦》明與光、長為韻；《楚辭．悲回風》明與傷、倡、亡、長、芳、章、芳、貺、羊為韻。盟從明聲，《詩．巧言》盟與長韻。《禮記．月令》「萌者盡達。」注「芒而直曰萌。」《詩·長發》芒與商、祥、方、疆、長、將、商為韻。《賈子·大政下》「萌之為言盲也。」盲亦從亡聲。《周禮·占夢》「乃舍萌於四方。」注「杜子春讀萌為明。」又云「其字當為明。」則萌明古必同部（陽部），是同音也。

英從央聲。古今音同屬影紐（英、於京切，央、於良切），而英在庚部，央在陽部，韻不同矣。然《詩·汾沮洳》英與方、桑、行為韻，《出車》央與方、彭、方、襄為韻。而《楚辭·雲中君》芳、英、央、光、章為韻。則英央古必同部（陽部），是同音也。

芃從凡聲。今音同屬奉紐（芃、房戎切，凡、符咸切），於古為並紐。而芃在東部，讀洪音，凡在凡部，讀細音閉唇，韻不同矣。然風亦從凡聲，《詩·綠衣》、《桑柔》、《烝民》風皆與心為韻，《何人斯》風與南、心為韻。若就句中韻論之，則《下泉》之芃芃與陰為韻，《黍苗》芃芃與陰為韻，而南與之協。汎亦凡聲。《二子乘舟》汎與心為韻，《柏舟》汎與髧為韻，《菁菁者莪》汎汎與沈、心為韻。則芃凡古必同部（侵部），是同音也。

啞從亞聲。古今音同屬影紐（啞、於革切，亞、衣駕切），而啞在麥部，亞在禡部，韻不同矣。然《易．震卦．初九》啞均與虩為韻。《說文》虩或作愬。《詩．柏舟》愬與茹、據、怒為韻。惡亦從亞聲，《遵大路》惡與路、去、故為韻（《雲漢》去、故、莫、虞、怒為韻），而亞與惡音義皆同。故《易．繫辭》「而不可惡也。」《釋文》「惡，荀爽本作亞。」《尚書大傳》「鼓鐘惡，觀台惡，將丹惡。」鄭注「惡讀為亞。」《詛楚文》「亞馳。」《禮記》作「惡池。」《史記．盧綰傳》「孫他之封惡谷。」《漢書》作「亞谷」。則啞亞古必同部（魚部），是同音也。

唉從矣聲，矣從㠯聲。唉、烏開切，古今音同屬影紐。㠯、羊止切，今音在喻紐，於古為影紐。是同紐也。而唉在咍部，讀洪音，㠯、矣皆在止部，讀細音，韻不同矣。然《詩．谷風》以與沚為韻，《旄丘》以與久為韻。涘俟皆從矣聲，《蒹葭》涘與采、已、右、沚為韻，《吉日》俟與有、友、右、子為韻，《何彼襛矣》矣與李、子為韻，《六月》矣與喜、祉、久、友、鯉、友為韻。則唉以古必同部（之部），是同音也。

哀從衣聲。古今音均屬影紐（哀、烏開切，衣、於希切），而哀在咍部，讀洪音，衣在微部，讀細音，韻不同矣。然《詩．葛覃》衣與歸、私為韻，《素冠》衣與悲、歸為韻。依亦從衣聲。《采薇》依與霏、遲、飢、悲、哀為韻。則哀衣古必同部（脂部），是同音也。

咢從屰，屰亦聲。古今音同屬疑紐（咢、五各切，屰、魚戟切），而咢在鐸部，屰在陌部，韻不同矣。然

《詩．行葦》咢與炙、臄為韻。臄從豦聲，據亦從豦聲．《柏舟》據與茹、愬、怒為韻。愬從朔聲（朔從屰聲），《禮運》「以炮以燔」下，朔與炙、酪、帛為韻。逆從屰聲。詩．泮水逆與博、斁、獲為韻（獲從蒦聲，穫亦從蒦聲；酪從各聲，貉亦從各聲。《七月》穫、蘀、貉為韻）。《說文》「屰不順也。」而《廣雅．釋言》「逆遁也。」《貫子．道術》「行歸而過、謂之順，反順為逆。」《釋名．釋言語》「逆、遻也。遻不從其理，則生殿。遻不順也。」訓逆皆與屰義同。則咢、屰古必同部（魚部），是同音也。

喌從州聲。今音同屬照部（喌、之六切，州、職流切），於古為端紐。而喌在屋部，州在尤部，韻不同矣。然《左傳．襄四年虞箴》州與道、艸、擾、獸、牡為韻。洲從州聲。《詩．鼓鐘》洲與鼛、妯、猶為韻（小旻猶咎、道為韻）。《說文》「喌從吅，州聲。讀若祝。

」《左傳》州吁，《穀梁》作祝吁。則喌、州同祝音也。《詩．蕩》祝與究為韻，《干旄》祝與六、告為韻（《關雎》州與逑、鳩為韻。究、鳩皆從九聲），則喌、州古必同部（幽部），是同音也。

過從咼聲，咼從冎聲。古今音同為見紐（過、古禾切，冎、古瓦切），而過在戈部，冎在馬部，韻不同矣。然《詩．考盤》過與阿、薖、歌為韻。阿從可聲，《何人斯》可與禍、我為韻（薖、禍皆從咼聲。《廣韻》「剮俗冎字。」剮亦從咼聲），則過咼古必同部（歌部），是同音也。

衙從吾聲，吾從五聲。古今音同屬疑紐（衙、魚舉切，五、疑古切），而衙在語部，讀細音，五在姥部，讀洪音，韻不同矣。然語從吾聲，《詩．蓼蕭》語與湑。寫、處為韻。《斯干》語與祖、堵、戶、處為韻。伍從五聲，《左傳．襄三十一年鄭人誦》伍與褚、與為韻

（堵從者聲，褚亦從者聲）。祖從且聲，組亦從且聲。《詩．干旄》組與五、予為韻。《公羊．文二年》「戰於鼓衙」，《釋文》「衙本或作牙。」《封氏聞見記》「衙字本作牙。」《詩．行露》牙與家為韻，《祈父》牙與居為韻（据、從居聲。《鴟鴞》据、荼、租、瘏、家為韻），則衙、五古必同部魚部，是同音也。

詵從先，先亦聲。詵、所臻切，疏紐也，於古為心紐。先、蘇前切，古今音同屬心紐。而詵在臻部，讀洪音，先在先部，讀細音，韻不同矣。然《詩．螽斯》詵與孫、振為韻，《小弁》先與墐、忍、隕為韻，《楚辭．遠游》先與垠、存、門為韻（《葛藟》漘、昆、昆、聞為韻。漘、振皆從辰聲，聞從門聲），則詵、先古必同部（諄部），是同音也。

諳從音聲。古今音皆屬影紐（諳、烏含切，音、於今切），而諳在覃部，讀洪音，音在侵部，讀細音，韻不同矣．然〈詩．燕燕〉音與南、心為韻，〈子衿〉音與衿、心為韻．歆、愔皆從音聲．〈生民〉歆與今為韻，〈左傳．昭十二年〉引祈招之詩，音與音、金、心為韻．〈廣雅．釋言〉「諳諷也．」諷通作風（〈左傳．昭五年釋文〉「諷諫本作風．」〈穀梁序．釋文〉「諷與本作風．」〈詩序．釋文〉風風也，雀本作諷．」〈左傳．桓十三年傳釋文〉「風諫本作諷」．〈詩．綠衣．谷風〉風皆與心為韻，〈何人斯〉風與南、心為韻．則諳、音古必同部（侵部），是同音也．

豎從豆聲．豎，臣庾切，禪紐也，於古為定紐．豆、徒候切，古今音同屬定紐．而豎在麌部，讀細音，豆在候部，讀洪音，韻不同矣．然〈說文〉豎下曰：「立也」，尌下曰：「立也」．〈左傳．成二年傳、襄四年傳〉注，皆曰：「樹立也」．〈儀禮．鄉躲禮〉記注：「今文皮樹為繁豎」．〈詩．巧言〉樹與數、口、厚為韻，《行葦》樹與句、鍭、侮為韻（醹、孺皆從需聲，耇從句聲，《行葦》主、醹、斗、耇為韻）。又豎、孺，義同音近。《國語．楚語》注：「豎未冠者也。」《周禮．內豎》鄭注：「未冠者之官名。」《書．金縢》傳：「孺稚也。」《禮記．內則》注：「孺子小子也」。《常棣》孺與豆、具為韻。則豎、豆古必同部（侯部），是同音也。

敄從矛聲。敄、亡遇切，務紐也，於古為明紐。矛、莫浮切，古今音皆屬明紐。而敄在遇部，矛在尤部，韻不同矣。然《詩．無衣》矛與袍、仇為韻。茅從矛聲。《白華》茅與猶為韻。柔亦從矛聲。《長發》柔與球、旒、休、絿、優、酋為韻。（《斯干》苞、茂、好、猶為韻。袍、苞皆從包聲，猶從酋聲。）《說文》瞀下段注：『按《洪範》曰：「雺恒風若。」《尚書大傳》作瞀，《宋世家》作霧，《漢書．五行志》作霿。』則孜、矛古必同部（幽部），是同音也。

背從北聲。古今音皆屬幫紐（背、補妹切，北、博墨切），而背在隊部，北在德部，韻不同矣。然《詩．桑中》北與麥、弋為韻，《巷伯》北與食為韻，《桑柔》背與極、克、力為韻，《瞻仰》背與忒、極、慝、識、織為韻（《載馳》麥、極為韻，《園有桃》食、極為韻），則背、北古必同部（之部），是同音也。

鰓從思聲（思從囟聲，從雙聲得聲）。古今音皆屬心紐（鰓、蘇來切，思、息茲切），而鰓在咍部，讀洪音，思在之部，讀細音，韻不同矣。然《詩．君子于役》思與期、哉、時、來為韻，《園有桃》思與哉、其、之、之為韻。偲從思聲。《盧令》偲與鋂為韻（鋂從每聲，梅亦從每聲。《終南》梅、裘、哉為韻），則鰓、思古必同部（之部），是同音也。

茦從朿聲。茦、楚革切，初紐也，於古為清紐。朿、匕賜切，古今音同屬清紐。而策在麥部，讀洪音，朿在寘部，讀細音，韻不同矣。然帝從朿聲。〈詩．君子偕老〉帝與鬄、揥、晳為韻。〈說文〉「朿木芒也。象形。讀若刺。」〈詩．葛屨〉刺與提、辟、揥為韻。簀從責聲，責從朿聲。〈淇奧〉簀與錫、璧為韻。而〈楚辭．悲回風〉策與積、擊、蹟、適、愁、適、蹟、益為韻（〈詩．板蕩〉益與易、辟、辟為韻），則策、朿古必同部（支部），是同音也。

䈞從竹聲。䈞、冬毒切，古今音同屬端紐。竹、陟玉切，今音在知紐，於古為端紐。而䈞在沃部，竹在燭部，韻不同矣。然〈說文〉䈞下曰：「厚也。讀若篤。」篤亦從竹聲也。〈詩．椒聊〉篤與匊為韻。䈞訓厚，竺亦訓厚。故〈集韻〉「竺或作䈞。」竺亦從竹聲也。〈楚辭．天問〉竺與燠為韻。〈廣雅．釋言〉「竹蹙也。」〈白虎通．喪服〉「竹者蹙也。」〈詩．小明〉蹙與奧、菽、戚、宿、覆為韻。又〈詩．淇奧〉傳釋文「竹〈韓詩〉作䓯。石經同。」䓯從毒聲，䓯毒亦同音（皆徒沃切）。〈詩．谷風〉毒與鞫、覆、育為韻。而〈淇奧〉句中韻，竹亦與奧、綠相協。則毒、竹古必同部（幽部），是同音也。

梓從宰省聲。古今皆屬精紐（梓，即里切，宰，作亥切），而梓在止部，讀細音，宰在海部，讀洪音，韻不同矣。然〈詩．小弁〉梓與止、母、裏、在為韻，〈十月之交〉宰與士、史為韻，〈雲漢〉宰與杞、右、止、里為韻。則梓、宰古必同部（之部），是同音也。

杕從大聲。古今音皆屬定紐（杕，特計切，大，徒蓋切），而杕在霽部，讀細音，大在泰部，讀洪音，韻不同矣。然〈詩．民勞〉大與愒、泄、厲、敗為韻，〈閟宮〉大與艾、歲、害為韻。達，從羍聲，羍，從大聲。〈說文〉「達或作达。」〈詩．生民〉達與月、害為韻，《長發》達與旆、鉞、烈、曷、蘖、截、伐、桀為韻。而汏亦從大聲。《楚辭．九章．涉江》汏與滯為韻（《詩．有狐》厲與帶為韻。滯從帶聲），則杕、大古必同部（祭部），是同音也。

概從既聲，既從旡聲。古今音皆屬見紐（概，工代切，既、旡，皆居未切），而概在代部，讀洪音，既、旡均在未部，讀細音，韻不同矣。然愛從㤅聲，㤅從旡聲，《詩．隰桑》愛與謂為韻，《易．象下傳家人》愛與位、位、謂為韻。塈從既聲，《摽有梅》塈與謂為韻，《泂酌》塈與溉為韻。溉亦從既聲。概溉本同音（切古代），故《左傳．定四年》傳「吳夫概」，《廣韻》作既，又作溉。《文選．七發》注「概與溉同。」則概、既、旡古必同部（脂部），是同音也。

桎從至聲。今音同在照紐（桎，之日切，至、脂利切），而桎在質部，至在至部，韻不同矣。然《詩．杕杜．蓼莪》至均與恤為韻．垤窒挃皆從至聲．《東山》至與垤窒為韻，《良耜》挃與栗、櫛、室為韻．《御覽》六百四十引《風俗通》曰：「挃實也．」《詩．隰有萇楚．東山》實均于室為韻．則挃、至古必同部（至部），是同音也．

囊從㲚聲．囊、奴當切，古今音同屬泥紐．㲚、女庚切，娘紐也，於古為泥紐．而囊在唐部，㲚在庚部，韻不同矣．然《詩．公劉》囊與康、疆、倉、糧、光、張、揚、行為韻，《周易上經．坤卦》囊與裳、黃為韻．而襄從㲚聲．《詩．大東》五章襄與漿、長為韻，六章襄與章、箱、明、庚、行為韻．《說文》㲚下曰：「讀若穰．」《詩．執競》穰與王、康、皇、康、方、明、喤、將為韻，《烈祖》穰與疆、衡、鶬、享、將、康、享、疆、嘗、將為韻．則囊、㲚古必同部（陽部），是同音也．

貨從化聲，化從匕、匕亦聲。古今音皆屬曉紐（貨、呼臥切，化、匕均呼跨切），而貨在過部，化、匕均在禡部，韻不同矣。然〈離騷〉化與他為韻，〈天問〉化與為為韻。吪從化聲。〈詩．破斧〉吪與錡、嘉為韻。訛亦從化聲。〈無羊〉訛與阿、池為韻（他池皆從也聲）。〈說文〉賜下曰：「或曰『此古貨字』」。賜為古貨字，亦如譌為古訛字之比。〈詩．兔爰〉為與羅、罹、吪為韻，〈天問〉為與化為韻。則貨、化古必同部（歌部），是同音也。

賴從剌聲。古今音皆屬來紐（賴、洛帶切，剌、盧達切），而賴在泰部，剌在曷部，韻不同矣。然〈國語．周語〉「先王豈有賴焉？」〈晉語〉「君得其賴。」〈國策．衛策〉「為泰則不賴矣。」注皆曰：「賴利也。」〈周易．上經．中六二〉利與大為韻，〈下經．大壯．上六〉利與退、遂為韻。又〈左傳．昭四年〉傳「

遂城賴」，〈公羊〉〈穀梁〉均作「遂城厲」．〈詩．正月〉厲與滅烕為韻．〈民勞〉厲與愒、泄、敗、大為韻．〈說文〉「剌，戾也．」〈漢書．武五子傳〉注引諺法「暴戾無親曰剌．」〈詩．雨無正〉戾與滅、勩為韻．則賴、剌古必同部（祭部），是同音也．

郁從有聲．有從又聲．郁，於六切，古今音同屬影紐．有，又今音在為紐（有，云九切，又，于救切），于古為影紐．而郁在屋部，有在有部，又在宥部，韻不同矣．然〈詩．南有嘉魚〉又與來為韻，〈賓之初筵〉又與能、時為韻，〈魚麗〉有與時為韻，〈四月〉有與紀、仕為韻，而洧．囿均從有聲，〈褰裳〉洧與士為韻，〈靈台〉囿與亟、來、伏為韻．〈說文〉「戫從彧聲．有文章也．」〈論語〉「郁郁乎文哉．」戫作郁．古或作彧（〈說文〉「彧水流貌．」〈詩〉「黍稷彧彧．」荀彧字文若．皆戫之義也）．〈詩．信南山〉彧與翼、牆、食為韻。《大戴禮・公冠篇》孝昭冠辭，或與服、德、福、極為韻（極從亟聲），則郁、有、又古必同部（之部），是同音也。

鄭從奠聲。鄭，直正切，澄紐也。于古為定紐。奠、堂練切，古今音同屬定紐。而鄭在勁部，奠在霰部，韻不同矣。然《釋名・釋州國》「鄭，町也。其地多平，町町然也。」《詩・東山》「町畽鹿場。」《釋文》「町，本作圢。」町圢皆丁聲。《兔罝》丁與城為韻，伐木丁與嚶為韻。《書・禹貢》「奠高山大川」傳，又《周禮・職幣》「皆辨其物而奠定其錄」，注皆曰：「奠，定也。」又《史記・夏本紀》作「定高山大川」。《詩・節南山》定與生、寧、醒、成為韻（城從成聲），則鄭、奠古必同部（真部），是同音也。

⿰祭阝從祭聲。⿰祭阝、側介切，莊紐也。于古為精紐。祭、子例切，古今音同屬精紐。而⿰祭阝在怪部，讀洪音，祭在祭部，讀細音，韻不同矣。然瘵、際皆從祭聲。〈詩．菀柳〉瘵與愒、邁為韻。〈瞻卬〉瘵與惠、厲、屆為韻。〈易泰卦〉際與外、大為韻，〈坎卦〉際與大、歲為韻（〈詩．蟋蟀〉逝、邁、外、蹶為韻）。〈說文〉䣃下曰：「周邑也。」〈左傳〉曰：「凡蔣、邢、茅、胙、祭，周公之胤也。」而〈春秋經〉、〈左傳〉、〈國語〉、〈史記〉、〈逸周書〉、〈竹書紀年〉，凡云祭伯、祭公謀父，字皆作祭（惟〈穆太子傳〉䣃父注云：「䣃父䣃公謀父。」䣃者本字，祭者假借字）。則䣃、祭古必同部（祭部），是同音也。

暗從音聲。古今音皆屬影紐（暗，烏敢切，音，于今切），而暗在勘部，讀洪音，音在侵部，讀細音，韻不同矣。然〈說文〉音下曰：「聲也。生於心，有節於外謂之音。」〈左傳．昭十二年〉傳引祈招之詩，音與愔、金、心為韻。〈廣雅．釋詁三〉「暗，深也。」〈

詩．瞻仰〉深與今為韻（金從今聲，同音），則暗、音古必同部（侵部），是同音也。

旃從丹聲。旃、諸延切，照紐也。於古為端紐。丹、古三切，古今音同屬端紐。而旃在仙部，讀細音，丹在寒部，讀洪音，韻不同矣。然〈詩．采苓〉旃與然、言、焉為韻，〈終南〉「顏如渥丹」，顏與丹協。〈說文〉旃或作旜。〈周禮〉、〈禮經〉均如此作。旜從亶聲，則丹、亶必同部。檀亦從亶聲。〈詩．將仲子〉檀與園、言為韻。則旃、丹古必同部（元部），是同音也。

夜從亦省聲。今音同屬喻紐（夜、羊謝切，亦、羊益切），於古為影紐。而夜在禡部，亦在昔部，韻不同矣。然〈詩．雨無正〉夜與夫、夕、惡為韻，〈振鷺〉夜與惡、斁、譽為韻。〈漢書．古今人表〉「曹嚴公亦姑」，師姑曰「即射姑也」。〈詩．東山〉射與譽為韻，〈抑〉射與格、度為韻。〈詩．文王〉「不顯亦世」

，《後漢書．袁術傳》作「不顯奕代」．《詩．車攻》奕與斁、客、懌、昔、作、夕、恪為韻．則夜、亦古必同部（魚部），是同音也．

寶從缶聲．寶、博晧切，古今音同屬幫紐．缶、方久切，今音在非紐，於古為幫．而寶在晧部，讀洪音，缶在有部，讀細音，韻不同矣．然《詩．桑柔》寶與好為韻，《崧高》寶與保為韻，《宛丘》缶與道、翿為韻．《周易．上經．坎卦》缶與酒、牖、咎為韻，《詩．還》茂、道、牡、好為韻．則寶、缶古必同部（幽部），是同音也．

罩從卓聲．罩、都教切，古今音均屬端紐．卓、竹角切，今音在知紐，於古為端．而罩在效部，卓在覺部，韻不同矣．然綽、悼皆從卓聲．《詩．淇奧》綽與較、謔、虐為韻，《氓》悼與勞、朝、暴、笑為韻，《羔裘》悼與膏、曜為韻，《南有嘉魚》罩與樂為韻（《溱消》樂、謔、藥為韻），《左傳．莊二十八年》傳「卓子」，《史記．秦本紀．集解》作「倬子」。《史記．魯周公世家》「里克弒其君奚齊卓子」。《集解》引徐廣「卓一作悼」。又《後漢書．祭遵傳》注「卓高也」。《論語．子罕》「如有所立卓尒。」皇疏「卓尒高遠之貌也。」《詩．漸漸之石》高與勞、朝為韻（膏從高聲），則罩、卓古必同部（宵部），是同音也。

儺從難聲。戁從難省聲。古今音皆屬泥紐（儺、戁皆諾何切，難、那干切）。而儺、戁在歌部，難在寒部，韻不同矣。然《詩．竹竿》儺與左、瑳為韻，《隰桑》難、阿、何為韻。且《說文》戁下曰：「讀若詩『受福不儺。』」今《詩．桑扈》「不戢不難，受福不那。」儺作那（那從冄聲，冄從雙聲得聲。古音亦在歌部），正與難為韻。則儺、難古必同部（歌部），是同音也（按堇、難皆多音字。考古韻文從堇聲之字，如堇、瑾、謹、殣、鏈、鄞、廑、僅、覲、墐、勤等字，皆在諄部。而難在元部，是堇有二音也。從難聲之字如歎（《說文》「歎從鷬省聲」）、漢（《說文》「漢從難省聲」。鷬或作難。）等字，皆在元部。（嘆從歎省聲，熯從漢省聲，亦皆在元部。）而儺、魋在歌部。是難亦有二聲也。惟儺、魋從歌部之難為聲，則難不得謂為聲子形聲字，直視同聲母字用之。而與元、諄部之堇聲無關。此多音之形聲字，雖亦形聲字孳乳之一道，然與東、重、童、龍之一音一系者有別）。

倭從委聲（委從禾聲，從旁紐雙聲得聲）。古今音皆屬影紐（倭、於為切，委、於詭切），而倭在戈部，讀洪音，委在紙部，讀細音，韻不同矣。然萎、緌皆從委聲，《詩．谷風》萎與嵬為韻。《禮記．檀弓上》孔子歌萎與頹、壞為韻，《檀弓下》成人語緌與衰為韻。《四牡》首章，一二三五句末字為韻，一二三四句第三字倭與駤、懷、靡、亦為韻。而「周道倭遲」《韓詩》作威夷。《常棣》威與懷為韻，《有客》威與追、綏、夷為韻。《爾雅．釋草》「蒤委葉」，《釋文》「委字或作萎」。《四牡．釋文》「倭本作委。」則倭、委古必同部（脂部），是同音也。

儕從齊聲。儕、仕皆切，今音在牀紐，於古為從紐。齊、徂其切，古今音同屬從紐。而儕在皆部，讀洪音，齊在齊部，讀細音，韻不同矣。然《詩．蒸民》齊與騤、喈、歸為韻，《長發》齊與違、遲、躋、遲、祇、圍為韻。《儀禮．曲禮上》「在醜夷不爭。」注「夷猶儕也。」《史記．留侯世家》「皆陛下故等夷。」《集解》引徐廣曰：「夷猶儕也。」《詩．風雨》夷與淒、喈為韻，《節南山》夷與違為韻。則儕、齊古必同部（脂部），是同音也。

偶從禺聲。古今音皆屬疑紐（偶、五口切，禺、虞俱切），而偶在侯部，讀洪音，禺在虞部，讀細音，韻不同矣。然隅、愚皆從禺聲，〈詩．靜女〉隅與姝、蹰為韻，〈綢繆〉隅與芻、逅、逅為韻，〈抑〉愚與隅為韻。〈說文〉「隅取也。」「偶桐人也。」古籍多假禺為隅，假禺為偶，假隅為偶，同音通假也。〈列子．湯問〉釋「禺與偶同。」〈管子．侈靡〉「是為十禺」，注「禺猶區也。」〈史記．封禪書〉「木禺龍欒車一駟，木禺車馬一駟。」〈索引〉「禺音偶。謂偶其形于木。禺馬亦同。」〈劉熊碑〉「養以之福，惟德之隅。」偶作隅。則偶、禺古必同部（侯部），是同音也。

虛從虍聲。古今音皆屬曉紐（虛、朽如切，虍、荒烏切），而虛在魚部，讀細音，虍在模部，讀洪音，韻不同矣。然藘、膚皆從虍聲（藘從慮聲，慮從虍聲。膚籀文臚，從盧聲。盧從𠚑聲，𠚑從虍聲）。〈詩．出其東門〉藘與闍、荼、且、娛為韻。〈易．姤卦〉膚與魚、、且、魚、瓜為韻。〈象下傳．中孚〉虛與魚為韻。孤、孤皆從瓜聲。〈左傳〉伯姬嫁秦筮辭，虛與孤、弧、姑、逋、家為韻。則虛、虍古必同部（魚部），是同音也。

磺從黃聲，黃從光，光亦聲。古今音同屬見紐（磺、古猛切，光、古皇切），而磺在梗部，光在庚部，韻不同矣。然〈說文〉「磺讀若穬」。穬從廣聲。〈詩．漢廣〉廣與泳、永、方為韻，〈河廣〉廣與杭、望為韻。廣從黃聲，簧亦從黃聲。〈君子陽陽〉簧與陽、房為韻（房從方聲）。〈鹿鳴〉簧與將、行為韻。黃從光聲，觥、洸亦從光聲。〈卷耳〉觥與岡、黃、傷為韻，〈江漢〉洸與湯、方、王為韻，〈南山．有台〉光與桑、楊、疆為韻，〈公劉〉光與康、疆、倉、糧、囊、張、揚、行為韻。則磺、光古必同部（陽部），是同音也。

江從工聲。古今音同屬見紐（江、古雙切，工、古紅切），而江在江部，工在東部，韻不同矣。然《廣雅·釋水》「江貢也。」《釋名·釋水》「江者公也。」《水經注》引《釋名》「江者共也。」貢從工聲，《詩·臣工》工與公爲韻。邛、訌亦皆從工聲，《巧言》邛與共爲韻，《召旻》訌與共、邦爲韻。則江、工古必同部（陽部），是同音也。

濁從蜀聲。濁、直角切，澄紐也，於古爲定紐。蜀、市玉切，禪紐也，於古爲定紐。而濁在覺部，讀洪音，蜀在燭部，讀細音，韻不同矣。然濁亦從蜀聲，《詩·天保》獨與屋、穀、祿、椓爲韻，《四月》濁與穀爲韻。《孟子·離婁篇》引孺子歌，濁與足爲韻（足在燭部），則濁、蜀古必同部（侯部），是同音也。

況從兄聲。古今音皆屬曉紐（況、許訪切，兄，許榮切），而況在漾部，讀細音，兄在庚部，讀洪音，韻不同矣。然《詩·黃鳥》兄與桑、良、明爲韻，《皇矣

〉兄與慶、光、喪、方為韻。《常棣》傳及《出車》箋皆曰「況茲也。」又《桑柔》傳「兄滋也。」《召旻》傳「兄茲也。」而《常棣釋文》「況本作兄。」《漢書．辛慶忌傳》、《尹翁歸傳》、《孟喜傳》、集注皆曰：「兄讀曰況。」又《常棣》句中韻兄與況協。則況、兄古必同部（陽部），是同音也。

渥從屋聲。古今音皆屬影紐（渥、於角切，屋、烏谷切），而渥在覺部，屋在屋部，韻不同矣。然《詩．行露》屋與角、獄、獄、足為韻，《正月》渥與穀、祿、椓、獨為韻，《信南山》渥與霂、足、穀為韻。《易下經．鼎九四》渥與足、餗為韻。則渥、屋古必同部（屋部），是同音也。

靡從麻聲。靡、文彼切，微紐也。於古為明紐。麻、莫遐切，古今音同屬明紐。而靡在紙部，讀細音，麻在麻部，讀洪音，韻不同矣。然《詩．丘中有麻》麻與嗟、嗟、施為韻，〈東門之池〉麻與池、歌為韻，〈黍離〉靡與離為韻。〈周易．中孚九二〉靡與和為韻。（〈新台〉離施為韻）。則靡、麻古必同部（歌部），是同音也。

探從罙聲。探、他含切，古今音同屬透紐。罙、式鍼切，審紐也，於古為透紐。而探在覃部，讀洪音，罙在侵部，讀細音，韻不同矣。然《說文》「罙深也。」〈詩．瞻仰〉深與今為韻。深從罙聲，琛亦從罙聲。〈泮水〉琛與林、黮、音、金為韻。（金從今聲）又〈說文〉「探遠取之也。」〈一切經音義十四〉引〈倉頡篇〉「撢音覃，持也。」〈周禮．撢人．釋文〉「撢與探同。」〈詩．斯干〉簟與寢為韻。簟從覃聲，潭亦從覃聲。〈楚辭．抽思〉潭與心為韻（〈詩．四牡〉駸、諗為韻。駸、寢皆從𠬶聲，諗從念聲，念從今聲）。則探、罙古必同部（侵部），是同音也。

嫋從弱聲。嫋、奴鳥切，古今音同屬泥紐。弱、而勺切，今音在日紐，於古為泥紐。而嫋在篠部，弱在葯部，韻不同矣。然《廣雅．釋訓》「嫋嫋弱也。」溺亦從弱聲。《詩．桑柔》溺與削、爵、濯為韻。《易．大過》注：「極弱興衰。」《釋文》「弱本作溺。」《禹貢》「導弱水。」《釋文》「弱本作溺。」《漢書．古今人表》「陳哀公弱。」《春秋．昭八年》作溺。則溺、弱古必同部，是以通假。《說文》「弱橈也。上象橈曲。彡象毛氂，橈弱也。」橈從堯聲，翹、曉皆從堯聲。《詩．鴟鴞》翹、曉與消、搖為韻。《鴟鴞》注「弱小也。」《後漢書．丁鴻傳》注：「弱少也。」《詩．柏舟》小、少與悄、搖為韻（削、消、悄皆從肖聲，肖從小聲）。則嫋、弱古必同部（宵部），是同音也。

娑從沙聲。娑、素何切，古今音同屬心紐。沙、所加切，疏紐也。於古為心紐。而娑在歌部，沙在麻部，韻不同矣。然《詩．東門之枌》娑與差、麻為韻。鯊亦從沙聲。《魚麗》鯊與多為韻。而《鳧鷖》沙與宜、多、嘉、為為韻（瘥、嗟皆從差聲。《節南山》猗、何、瘥、多、嘉、嗟為韻）。則娑、沙古必同部（歌部），是同音也。

婪從林聲。古今音同屬來紐（婪、盧含切，林、力尋切）。而婪在覃部，讀洪音，林在侵部，讀細音，韻不同矣。然《說文》「婪貪也。讀若潭。」《楚辭．九章．抽思》潭與心為韻。《詩．兔罝》林與心為韻。則婪、林古必同部（侵部），是同音也。

也從乁聲。今音同屬喻紐（也、余者切，乁、弋支切），於古為影紐。而也在馬部，讀洪音，乁在支部，讀細音，韻不同矣。然《說文》「乁讀若移。」《楚辭．漁父》移與波、釃為韻。移從多聲。《詩．卷阿》多與馳、多、歌為韻。馳從也聲，施、池亦從也聲。《新台〉施與離為韻（醨、離皆從离聲）。〈東門之池〉池與麻、歌為韻。則也、乁古必同部（歌部），是同音也。

艱從艮聲。古今音同屬見紐（艱、古閑切，艮、古恨切）。而艱在山部，艮在恨部，韻不同矣。然〈詩．北門〉艱與門、殷、貧為韻，〈鳧鷖〉艱與亹、熏、欣、芬為韻。垠亦從艮聲。〈九章．遠游〉垠與存、先、門為韻。〈家語．好生〉「艮為山。」注「在周易山下，有火謂之賁。」〈左傳．僖五年〉童謠賁與晨、辰、振、旂、焞、軍、奔為韻（欣、旂皆從斤聲。又慇從殷聲。〈桑柔〉慇與辰、痻為韻）。則艱、艮古必同部（諄部），是同音也。

野從予聲。今音同屬喻紐（野、羊者切，予、余呂切），於古為影紐。而野在馬部，讀洪音，予在語部，讀細音，韻不同矣。然〈詩．燕燕〉野與羽、雨為韻，〈公劉〉野與處、旅、語為韻。語從吾聲，吾從五聲。

〈干旄〉五與組、予為韻。〈鴟鴞〉予與雨、土、户為韻。則野、予古必同部(魚部),是同音也。

輩從非聲。輩、補妹切。古今音同屬幫紐。非、甫微切,今音在非紐,於古為幫紐。而輩在隊部,讀洪音,非在微部,讀細音,韻不同矣。然〈廣雅·釋言〉「非者違也。」〈詩·谷風〉違與遲、畿為韻,〈小旻〉違與訛、哀、依、底為韻。而騑、悲、霏皆從非聲,〈四牡〉騑與遲、歸、悲為韻,〈采薇〉霏與依、遲、飢、非、哀為韻,〈太元·元離〉「位各殊輩。」注「輩類也。」〈一切經音義六〉引〈倉頡篇〉「輩比也。」〈詩·皇矣〉類、比為韻(底從氐聲。毗從比聲。〈節南山〉師、氐、維、毗、迷、師為韻)。則輩、非古必同部(脂部),是同音也。

三、疊韻

(甲)本字與所從聲母古今音皆同部不待考證者

吏從史、史亦聲。吏、力置切，古今音皆屬來紐。史、疏士切，今音在疏紐，於古為心紐。紐不同矣。而吏在志部，史在止部，古音無平上之分，同為之部，是疊韻也。

祥從羊聲。今音音紐不同。祥、似羊切，邪紐也。羊、與章切，喻紐也。古音邪紐歸心，喻紐歸影，紐亦不同。而皆在陽部，是疊韻也。

衹從氏聲。今音音紐不同。衹、巨支切，羣紐也。氏、承紙切（《說文》段注曰：「氏、《篇》《韻》皆承紙切，大徐承旨切，非也。」），禪紐也。古音羣紐歸溪，禪紐歸定，紐亦不同。而衹在支部，氏在紙部，古音無平上之別，同為支部，是疊韻也。

礿從勺聲。今音音紐不同。礿、以灼切，喻紐也。勺、之若切，照紐也。而今音皆在藥部。古音喻紐歸影，照紐歸端，紐亦不同。而古音皆在魚部。是疊韻也。

融從蟲省聲。今音音紐不同。融、以戎切，喻紐也。蟲、直戎切，澄紐也。而今音同在東部。古音喻紐歸影，澄紐歸定，紐亦不同。而古音皆在侵部，是疊韻也。

事從之省聲。今音音紐不同。事、鉏史切，床紐也。之、止而切，照紐也。古音床紐歸從，照紐歸端，紐亦不同。而事在志部，之在之部，古音無平上之別，同在之部，是疊韻也。

柔從矛聲。柔、耳由切，今音在日紐，於古為泥。矛、莫浮切，古今音皆屬明紐。紐不同矣。而今音同在尤部，於古為幽部。是疊韻也。

糧從量聲。量從曏省聲，曏從鄉聲，鄉從皀聲。糧、呂張切，古今音皆屬來紐。皀，皮及切，古今音同屬並紐。紐不同矣。而糧在陽部，皀為多音字，《說文》皀下曰：「又讀若香。」既在緝部，亦在陽部。糧、鄉皆從陽部之皀。是疊韻也。

（乙）今音韻部離隔於古實為同部者

帝從朿聲。帝、都計切，古今音皆屬端紐。朿、七賜切，古今音皆屬清紐。紐不同矣。而帝今音在齊部，朿今音在寘部，韻亦不同。然揥從帝聲（《說文》無揥字，然當是帝聲。《詩．君子偕老》揥、帝為韻可證）。刺從朿、朿亦聲。《說文》「朿讀若刺。」《詩．葛屨》揥、刺為韻。又啻從帝聲，適從啻聲。責從朿聲，績從責聲。《詩．殷武》績、適為韻。則帝、朿古必同部（支部），是疊韻也。

茝從臣聲。茝、昌改切，穿紐也，於古為透紐。臣、弋之切，喻紐也，於古為影紐。紐不同矣。茝在海部，讀洪音，臣在之部，讀細音。韻亦不同。然姬從臣聲，《詩．泉水》姬與淇、思、謀為韻。《離騷》茝與在、與、悔為韻（淇從其聲，期、騏亦皆從其聲。在從才聲。《詩．駉》才、騏、期為韻）。則茝、臣古必同部

（之部），是疊韻也。

茱從尗聲。茱、子寮切，古今音皆屬精紐。尗、式竹切，今音在審紐，於古為透紐。紐不同矣。而茱在宵部，讀細音，尗在屋部，讀洪音，韻亦不同。然《爾疋・釋木》「樧大椒」，《釋文》「椒字又作茮。」又「茱樧醜荥」，《釋文》「茱今本作椒。」茱椒本一字，香物也。《詩・椒聊》椒與聊為韻，《東門之枌》椒與荍為韻。《說文》「尗豆也。」尗，《詩》皆作菽。《七月》菽與薁、東、稻、酒、壽為韻。戚從尗聲。《小明》戚、奧、菽、宿、覆為韻（聊茆皆從卯聲，《泮水》茆酒為韻）。而《左傳・文九年》「鬬椒」，《穀梁》作萩，《釋文》作菽。則茱、尗古必同部（幽部），是疊韻也。

藍從監聲，監從衉省聲。衉從臽聲。藍、魯甘切，古今音同屬來紐。臽、戶暗切，古今音同屬匣紐。紐不同矣．藍在談部，臽在陷部，韻亦不同．然《詩．采綠》藍與襜、詹為韻，《節南山》監與巖、瞻為韻．萏從臽聲，《澤波》萏與儼、枕為韻（儼、巖皆從嚴聲）．《大戴記》文王官人「藍之以樂．」注「藍猶濫也．」《詩．殷武》監與嚴、濫為韻．則藍、臽古必同部（談部），是疊韻也．

蘇從穌聲．穌從魚聲．蘇、素孤切，古今音同屬心紐．魚、語居切，古今音同屬疑紐．紐不同矣．而蘇在模部，讀洪音，魚在魚部，讀細音，韻亦不同．然《詩．山有扶蘇》蘇與華、都、且為韻，《無羊》魚與旟為韻．（《干旄》旟都為韻）則蘇、魚古必同部（魚部），是疊韻也．

唐從庚聲．唐、徒郎切，古今音同屬透紐．庚、古行切，古今音皆屬見紐．紐不同矣．而唐在唐部，庚在庚部，韻亦不同．然《左傳．哀六年》引《夏書》唐與常、方、行、綱、亡為韻。《詩．七月》庚與陽、筐、行、桑為韻。則唐、庚古必同部（陽部），是疊韻也。喪從亡，亡亦聲。喪、息郎切，古今音皆屬心紐。而亡、武方切，今音在微紐，於古為明紐。紐不同矣。喪在唐部，亡在陽部，韻亦不同。然《詩．召旻》喪、亡、荒為韻。則喪、亡古必同部（陽部），是疊韻也。

巡從川聲。巡、詳遵切，今音在邪紐，於古為心紐．川、昌緣切，今音在穿紐，於古為透紐。紐不同矣。巡在諄部，川在仙部，韻亦不同。然順、訓皆從川聲，《詩．雞鳴》順與問為韻，《抑》訓、順為韻。問、聞皆從門聲。《雲漢》聞與川、焚、熏、遯為韻（分聲門聲同部。《詩．北門》門、貧為韻），又《白虎通．巡狩》、《風俗通．山澤》皆曰：「巡者循也。」《公羊．隱八年》傳注：「巡猶循也。」（《詩．江漢》箋「使循流而下。」《釋文》「循本作順。」《大戴記．哀公問．五義篇》循與純為韻。《九章》聞．忳為韻。純、忳皆從屯聲）則巡、川古必同部（諄部），是疊韻也。

適從啻聲，啻從帝聲，帝從朿聲。適、施隻切，審紐也，於古為透紐。朿、七賜切，古今音皆屬清紐．紐不同矣。適在昔部，朿在寘部，韻亦不同。然《詩．殷武》適與辟、績、辟、解為韻（績從責聲，責從朿聲）。《說文》「朿讀若刺。」《葛屨》刺與提、辟、揥為韻（揥從帝聲）。則適、朿古必同部（支部），是疊韻也。

遺從貴聲。遺、以追切，今音在喻紐，於古為影紐。貴、居胃切，古今音同屬見紐。紐不同矣。而遺在脂部，貴在未部，韻亦不同。然《易．象上傳頤、卦》貴與利、悸為韻。匱從貴聲，《詩．既醉》匱與類為韻。饋亦從貴聲，《易．下經家人六二》饋與遂為韻。《詩．雲漢》遺遺與推、雷、畏、摧為韻。而《禮記．祭義

〉「而窮老不遺。」〈釋文〉「遺本作匱。」〈莊子．天下篇〉「道則無遺者矣。」〈釋文〉「遺本作貴。」則遺、貴古必同部（脂部），是疊韻也。

遲從犀聲，犀從尾聲。遲、直尼切，今音在澄紐，於古為定紐。尾、無斐切，今音在微紐，於古為明紐。紐不同矣。而遲在脂部，尾在尾部，韻亦不同。然穉從犀聲，〈詩．大田〉穉與穧為韻。穧從齊聲。〈長發〉齊、躋、遲、遲為韻，〈衡門〉遲與飢為韻。飢從几聲。〈狼跋〉尾几為韻。則遲、尾古必同部（脂部），是疊韻也。

逵從坴聲，坴從𡴆聲，𡴆從六聲。逵、渠追切，今音在羣紐，於古為溪紐。六、力足切，古今音皆屬來紐。紐不同矣。逵在脂部，讀細音，六在屋部，讀洪音，韻亦不同。然〈詩．兔罝〉逵與仇為韻，〈干旄〉六與祝、告為韻（仇從九聲，究亦從九聲，〈蕩〉祝、究為韻）。王粲《從軍行》逵與愁、丘、由、流、舟、游、收、憂、疇、休、留為韻（鵃、皓皆從告聲，《揚之水》皓、鵃、憂為韻）。則逵、六古必同部（幽部），是疊韻也。

蹇從寒省聲。蹇，九輦切，古今音皆屬見紐。寒，胡安切，古今音皆屬匣紐。紐不同矣。蹇在獮部，讀細音。寒在寒部，讀洪音，韻亦不同。按《易．象下傳》、《襍卦傳》註、《序卦傳》註、及《廣雅．釋詁三》，皆曰：「蹇者難也。」《詩．常棣》難與原、歎為韻。《易．襍卦傳》難與緩為韻。而緩從爰聲，暖亦從爰聲。《楚辭．天問》暖與寒、言為韻。則蹇、寒古必同部（寒部），是疊韻也。

誨從每聲，每從母聲。誨，荒內切，古今音同在曉紐。母，莫后切，古今音同屬明紐。紐不同矣。而誨在隊部，母在厚部，韻亦不同。然《詩．緜蠻》誨與食、載為韻。載從𢦏聲，𢦏從才聲，在亦從才聲。〈小弁〉在與梓、止、母、裏為韻。則誨、母古必同部（之部），是疊韻也。

譌從為聲。譌、五禾切，古今音同屬疑紐。為、遠支切，今音在為紐，於古為影紐。紐不同矣。譌在戈部，讀洪音，為在支部，讀細音，韻亦不同。按《說文》譌下曰：「詩曰：『民之譌言。』」今《詩．沔水》作訛（《說文》無訛有吪。然以貨從化聲，而⿰貝為為古貨字推之，訛亦當是化聲。《楚辭．天問》、《思美人》皆為、化為韻。古同部也）。《詩．無羊》訛與阿、池為韻。阿從可聲，何亦可聲。《詩．北門》何、為為韻。而《尚書》「南譌」，《周禮》注、《漢書》皆作「南偽」。《詩．采苓》「人之為言」，定本作「偽言。」《無羊》「民之訛言。」箋曰：「訛偽也。」譌、偽、為通用，則古必同部（歌部），是疊韻也。

愷從豈聲，豈從微省聲。愷、苦亥切，古今音同屬溪紐。微、無非切，今音在微紐，於古為明紐。紐不同矣。愷在海部，讀洪音，微在微部，讀細音，韻亦不同。按《說文》「豈，還師振旅樂也。」經傳多作愷。《周禮．大司樂》曰：「王師大獻，則令奏愷樂。」《春秋》「晉文公敗楚於城濮。」傳曰：「振旅愷以入於晉。」《說文》「愷康也。」而經傳亦作豈。《詩．魚藻》、《青蠅》、《載驅》、《蓼蕭》「豈樂」「豈弟」字，皆作豈。《蓼蕭》豈與泥、弟、弟為韻，《魚藻》豈與尾為韻，《柏舟》微與衣飛為韻。《晉語》國人誦，改葬共世子，微與懷、歸、違、哀、依、妃為韻（韋違皆從韋聲。《詩．行葦》葦與泥為韻）。則愷、微古必同部（脂部），是疊韻也。

軸從由聲。軸、直六切，今音在澄紐，於古為定紐。由、以周切，今音在喻紐，於古為影紐。紐不同矣。

而軸在屋部，讀洪音．由在尤部，讀細音，韻亦不同．然抽亦從由聲，《詩．清人》軸、陶、抽、好為韻．妯與軸同音．亦從由聲，《鼓鐘》妯與鼛、洲、猶為韻（《斯干》好猶為韻）．《楚辭．惜往日》由與流、幽、聊為韻（猶從酋聲，旒流皆從㐬聲，《詩．長發》旒酋為韻）．則軸、由古必同部（幽部），是疊韻也．

隆從降聲，降從夅聲．隆，力中切，古今音同屬來紐．夅，下江切，古今音同屬匣紐．紐不同矣．隆在東部，夅在江部，韻亦不同．按《說文》「夅服也．」又「降下也．」古多段降為夅，而夅廢不用．《春秋經》「郕降於齊師．」又「齊人降鄣．」皆夅之段借也．《詩．艸蟲》、《出車》皆降與蟲、螽、忡、仲為韻．又《皇矣》、《毛詩》作「臨衝」，《韓詩》作「隆衝」．《雲漢》臨與蟲；宮、宗、躬為韻．又《說文》「隆豐大也．」《書．大傳》「降谷元玉．」注曰：「降讀如龐降之降。」《呂覽》「降通漻以導河。」注曰：「降大也。」《詩．都人士》箋「無隆殺也。」疏曰「定本隆作降。」則隆、夅古必同部（侵部），是疊韻也。

條從攸聲。條、徒遼切，古今音同屬定紐。攸、以周切，今音在喻紐，於古為影紐。紐不同矣。而條在蕭部，攸在尤部，韻亦不同。然《詩．椒聊》條與聊為韻，《左氏昭十二年傳》攸與湫為韻（湫從秋聲，愁亦從秋聲，《楚辭．悲回風》愁聊為韻）。則條、攸古必同部（幽部），是疊韻也。

顛從真聲。顛、都年切，古今音同屬端紐。真、側鄰切，今音在莊紐，於古為精紐。紐不同矣。顛在先部，真在真部，韻亦不同。然《詩．車鄰》顛與鄰為韻，《楚辭．天問》顛與天為韻。填從真聲，《詩．桑柔》填、天、旬、民、矜為韻。《莊子．漁父》「真者所以受於天也。」《說文》「天，顛也。」又《莊子．山木篇》「見利而忘其真。」《釋文》引《司馬法》「真身也。」《淮南·本經》「精神反於至真。」注：「真身也。」《詩·雨無正》天、信、信、臻、身、天為韻。則顛、真古必同部（真部），是疊韻也。

貸從代聲，代從弋聲。貸、他代切，古今音同屬透紐。弋、與職切，今音在喻紐，於古為影紐。紐不同矣。貸在代部，讀洪音，弋在職部，讀細音。韻亦不同。然忒從弋聲，《詩·瞻仰》忒與背、極、慝、識、織為韻。式從弋聲，《楚茨》式與祀、食、福、稷、敕、極、億為韻，《桑中》弋與麥、北為韻（背從北聲）。《楚辭·惜往日》代與佩、意、置、載、備、再、識為韻。《說文》「代更也。從人弋聲。」又「忒更也。從心弋聲。」代忒音義皆同。《詩·瞻仰》傳曰：「忒差也。」《廣雅·釋詁三》「貸僭也。」《禮記·月令》「毋有差貸。」貸代同音，貸忒音義亦同。則貸、弋古必同部（之部），是疊韻也。

鄦從無聲。鄦、虛呂切，古今音同屬曉紐。無、武夫切，今音在微紐，於古為明紐。紐不同矣。而鄦在語部，無在虞部，韻亦不同。按《說文》「鄦讀若許。」而鄦、許為古今字。經傳皆作許。謂「姜姓之國，太嶽之後。」《詩．揚之水》許與蒲為韻。《閟宮》許與嘏、魯、宇為韻。皆指許國也。《伐木》許與藇、羜、父、顧為韻，《下武》許與武、祜為韻。此借許為所也。舞從無聲，《大叔于田》舞與馬、組、舉、虎、所、女為韻。《詩》句中韻如《皇矣》六章無、度、居、下相協，《生民》一章如、無、武相協，《篤公劉》二章胥、庶、無相協，《抑》六章無、無、莫、無、無、庶相協。則鄦、無古必同部（魚部），是疊韻也。

能從呂聲。能、奴登切，古今音同屬泥紐。呂、羊止切，今音在喻紐，於古為影紐。紐不同矣。而能在登部，讀洪音，吕在止部，讀細音，韻亦不同。然《詩·賓之初筵》能與又、時為韻，《易·繫辭·下傳》能與來、謀為韻。矣從吕聲，《詩·十月之交》矣與時、謀、萊為韻，《旄丘》以、久為韻（有從又聲，有又同音。《魚麗》有、時為韻）。則能、吕古必同部（之部），是疊韻也。

移從多聲。移，弋支切，今音在喻紐，於古為影紐。多，得何切，古今音皆屬端紐。紐不同矣。移在支部，讀細音，多在歌部，讀洪音，韻亦不同。然《楚辭·漁父》移與玻、釃、為為韻。《詩·鳧鷖》多與沙、宜、嘉、為為韻。則移、多古必同部（歌部），是疊韻也。

宜從多省聲。宜，魚羈切，古今音皆屬疑紐。多，得何切，古今音皆屬端紐。紐不同矣。宜在支部，讀細音，多在歌部，讀洪音，韻亦不同。然《詩·君子偕老》宜與珈、佗、河、何為韻，《晨風》何、多為韻。則宜、多古必同部（歌部），是疊韻也。

竈從鼀省聲。或不省作竈（今作竈）。鼀從圥聲，圥從六聲。竈、則到切，古今音皆屬精紐。六、力竹切，古今音皆屬來紐。紐不同矣。而竈在號部，六在屋部，韻亦不同。然《論語．為政篇》「王孫賈問」竈與奧為韻。《釋名．釋宮室》「竈，造也。」《廣雅．釋言》「竈，造也。」《周禮．大祝》「二曰造。」注：「杜子春讀竈為造次之造。書亦或為造。」《詩．兔爰》造與罦、憂、覺為韻。造從告聲，《干旄》告與祝六為韻。燠從奧聲，《無衣》燠與六為韻。則竈、六古必同部（幽部），是疊韻也。

席從庶省聲。席、祥易切，今音在邪紐，於古為心紐。庶、商署切，今音在審紐，於古為透紐。紐不同矣。席在昔部，庶在御部，韻亦不同。然《詩．柏舟》席與石為韻，《行葦》席與酢為韻。席從席聲，《緇衣》

席、作為韻。度亦從庶省聲。《楚茨》度與作為韻。則席、庶古必同部（魚部），是疊韻也。

僰從棘聲。僰、蒲北切，古今音皆屬並紐。棘、紀力切，古今音皆屬見紐。紐不同矣。僰在德部，讀洪音，棘在職部，讀細音，韻亦不同。然《詩・園有桃》棘與食、國、極為韻，《鳲羽》棘與翼、稷、食、極為韻。《論語》「棘子成」，《漢書・古今人表》作「革子成」。《詩・斯干》翼、棘、革為韻。《呂覽・恃君》「僰人野人。」注：「僰讀若匍匐之匐。」《詩・生民》匐、嶷、食為韻。又《禮記・王制》「西方曰棘。」注：「棘當作僰。」「東方曰棘。」注：「棘本作僰。」則僰、棘古必同部（之部），是疊韻也。

卸從午聲。卸、司夜切，古今音皆屬心紐。午、疑古切，古今音同屬疑紐。紐不同矣。卸在禡部，午在姥部，韻亦不同。然《詩・吉日》午與馬、麌、所為韻。

許亦從午聲，《下武》許與武、祜為韻（《叔于田》馬、武為韻）。《說文》「卸讀若汝南人寫書之寫。」《詩．蓼莪》寫與滑、語、處為韻，《裳裳者華》寫、寫與滑、處為韻（《四牡》馬、處為韻）。則卸、午古必同部（魚部），是疊韻也。

龐從龍聲，龍從童省聲，童從重省聲，重從東聲。龐、薄江切，古今音同屬並紐。東、德紅切，古今音同屬端紐。紐不同矣。龐在江部，東在東部，韻亦不同。然《詩．小星》東、公、同為韻，《文王有聲》東、廱為韻。廱從雝聲，《無將大車》雝、重為韻。松從公聲，《山有扶蘇》松、龍、充、童為韻。而《車攻》攻同龐、東為韻。則龐、東古必同部（東部），是疊韻也。

煇從軍聲。煇、況韋切，古今音同屬曉紐。軍、舉云切，古今音同屬見紐。紐不同矣。煇在微部，軍在文部，韻亦不同。然《左傳．僖五年傳》童謠軍與晨、辰、振、旂、賁、焞、奔為韻，《詩．庭燎》煇與晨、旂為韻．則煇、軍古必同部（諄部），是疊韻也．

慼從戚聲，戚從尗聲．慼、倉歷切，古今音同屬清紐．尗、式竹切，今音在審紐，於古為透紐．紐不同矣．慼在錫部，讀細音，尗在屋部，讀洪音，韻亦不同．按尗菽古今字（見前茮字條）．慼戚古同音通叚．《說文》「慼憂也．」《詩．小明》傳「戚憂也．」《小明》奧、慼、菽、戚、宿、覆為韻．覆從復聲，《楚辭．哀郢》復、慼為韻．則慼、尗古必同部（幽部），是疊韻也．

怠從台聲，台從㠯聲．怠、徒亥切，古今音皆屬定紐．以、羊止切，今音在喻紐，於古為影紐．紐不同矣．怠在海部，讀洪音，㠯在止部，讀細音，韻亦不同．然《詩．賓之初筵》怠與否、史、耻為韻．殆亦從台聲，《雨無正》殆與仕、使、子、使、友為韻．矣從㠯聲，〈六月〉矣與喜、祉、久、友、鯉、友為韻，〈旄丘〉以與久為韻（〈蓼莪〉恥、久為韻）。則怠、以古必同部（之部），是疊韻也。

淮從隹聲。淮，戶乖切，古今音同屬匣紐。隹，職追切，今音在照紐，於古為端紐。紐不同矣。淮在皆部，讀洪音，隹在脂部，讀細音，韻亦不同。然〈左傳昭十二年傳〉晉侯投壺辭，淮與坻、師為韻。〈莊子〉「山林畏隹。」「畏隹」即「嵬崔」也。〈詩．南山〉崔與綏、歸、歸、懷為韻（〈葛覃〉師與歸、私、哀、衣相協）。〈四牡〉釋文「鵻本作隹。」〈左傳．昭十七年傳〉注：「鵻本作隹。」〈詩．四牡〉句中韻鵻、飛相協（〈東山〉四章飛、歸為韻）。則淮、隹古必同部（脂部），是疊韻也。

霾從貍聲，貍從里聲。霾，莫皆切，古今音同屬明紐。里，良止切，古今音同屬來紐。紐不同矣。霾在皆部，讀洪音，里在止部，讀細音，韻亦不同。然〈詩．終風〉霾與來、來、思為韻。霾從貍聲，〈左傳．哀五年傳〉萊人歌貍與謀、之為韻（〈泉水〉思、謀為韻）。〈楚辭．山鬼〉貍與旗、思、來為韻。理從里聲，〈詩．緜〉理與止、右、畝、事為韻，〈雲漢〉里與紀、宰、右、止為韻（右從又聲，右又同音。〈南有嘉魚〉來、又為韻）。則霾、里古必同部（之部），是疊韻也。閱從兌聲（〈說文〉兌從台聲。徐鉉等曰：「台古文兗字，非聲。當從口從八，象氣之分散。〈易〉曰『兌為巫為口。』」）。閱，弋雪切，今音在喻紐，於古為影紐。兌，大外切，古今音皆屬端紐。紐不同矣。閱在薛部，讀細音，兌在泰部，讀洪音，韻亦不同。然〈詩．蜉蝣〉閱與雪、說為韻。說亦從兌聲，〈甘棠〉說與代、茇、敗、愒、拜為韻。茇從犮聲，拔亦從犮聲，〈緜〉拔與兌、駾、喙為韻，〈皇矣〉拔與兌、對、季、季為韻。則閔、兑古必同部（祭部），是疊韻也。

聲從殸聲。聲、書盈切，今音在審紐，於古為透紐。殸、苦定切，古今音皆屬溪紐。紐不同矣。聲在清部，殸在徑部，韻亦不同。然《詩．雞鳴》聲與鳴、盈、鳴為韻，《車攻》聲與征、成為韻。《說文》「殸古文磬。」《白虎通．禮樂》「磬聲夷則之氣也。象萬物之成也。」《書．舜典》傳曰：「磬音之清者。」馨亦從殸聲。《詩．鳧鷖》馨與清、成為韻。則聲、殸古必同部（真部），是疊韻也。

所從戶聲。所、疏舉切，今音在疏紐，於古為心紐。戶、侯古切，古今音皆屬匣紐。紐不同矣。所在語部，讀細音，戶在姥部，讀洪音，韻亦不同。然《詩．鴇羽》所與羽、栩、盬、黍、怙為韻，《七月》戶與股、羽、野、宇、戶、下、鼠、處為韻。則所、戶古必同部（魚部），是疊韻也。

四、雙聲 本字與所從聲母韻部遠隔而實係雙聲者

祼從果聲。祼、古玩切，今音在換部，於古為元部。（《國語．周語》「王祼鬯」注「祼灌也。」《家語》冠頌「以祼享之禮」注「祼灌鬯也。」《周禮．大宗伯》「以肆獻祼享先王。」注「祼之言灌。」《說文》祼下曰：「灌祭也。」以灌釋祼。灌從雚聲，古音在元部。《詩．溱洧》觀與渙、蕑為韻）。果、古火切，今音在果部，於古為歌部（《莊子至樂篇》「若果養乎？」《釋文》「果本作過。」《國語．晉語》「知果」，《漢書．古今人表》作「知過」。果過同音。《詩．江有汜》沱、過、過、歌為韻）。韻皆不同，而古今音皆在見紐，是雙聲也。

璊從㒼聲。璊、莫奔切，今音在魂部，於古為諄部（《詩．大車》璊與哼、奔為韻。《說文》璊下曰：「禾之赤苗，謂之虋。言璊玉色如之。」虋從釁聲，虋從

分聲，釁之變體作亹。〈詩．鳧鷖〉亹與熏、欣、芬、艱為韻。芬亦從分聲。璊之或體作玧，允聲亦在古音諄部）。璊、毋官切，今音在桓部，於古為元部。（〈說文〉璊下曰：「讀若虋。」〈詩．韓奕〉虋與完為韻）韻皆不同，而古今音皆在明紐，是雙聲也。

玫從文聲。玫、莫桮切，今音在灰部，於古為脂部（〈說文〉玫下曰：「火齊玫瑰也。」釋解四字，皆在古音脂部。〈詩．蒸民〉齊與騤、喈、歸為韻，〈七月〉火與衣為韻，〈左傳．成十七年傳〉子叔嬰齊歌，齊、瑰與水、歸、懷為韻）。文、無分切，今音在文部，於古為諄部（閔從文聲，〈詩．鴟鴞〉閔與勤為韻。句中韻〈文王〉二章文、聞、孫為韻。〈孝經〉「言不文」〈釋文〉「文本作聞。」）。韻皆不同。而玫古今音同屬明紐，文今音在微紐，於古亦歸明紐，是雙聲也。

芛從尹聲。芛、羊捶切，今音在紙部，於古為歌部

（《爾雅．釋艸》「音䝼豬之䝼．」歌部音也．《後漢書．馬融傳》「雈扈虇熒．」注「𦯬與雈通．」《釋艸》釋文：「雈本作萑．」雈、萑又脂部音也）．尹、余準切，今音在準部，於古為諄部．韻皆不同，而今音同屬喻紐．於古歸影紐，是雙聲也」．

荐從存聲（存從才聲，亦以雙聲為聲也．說詳存字條）．荐，在甸切，今音在霰部，於古為真部（《詩．雲漢》「饑饉薦臻．」《春秋繁露》作「饑饉荐臻．」《敘傳下．集解》「薦讀曰荐．」《史記．歷書．索引》，曰：「荐字或作薦．」《說文》「荐、薦席也．」荐薦同音，古用不分．《易．象上傳》「殷薦之上帝．」《書．中候》「薦之帝堯．」《儀禮．士昏禮》「贊者薦脯醢．」注皆曰「薦進也．」《尒疋．釋詁》「薦陳也．」「薦臻也．」進、陳、臻，古音皆在真部．《易經．襍卦傳》進與親、顛為韻，《詩．甫田》陳與田、干、人、年為韻。《雲漢》臻與天、人為韻）。存、祖尊切，今音在魂部，於古為諄部（《詩．出其東門》存與門、雲、巾、員為韻）。韻皆不同，而古今音同在從紐，是雙聲也。

吻從勿聲。吻，武粉切，今音在吻部，於古為諄部（《說文》「脗，吻或從肉從昏。」昏聲古在諄部。《詩．何彼襛矣》緡、孫為韻，《桑柔》慇、辰、痻為韻。緡、痻並從昏聲。《釋名．釋形體》「吻免也。入之則碎，出則免也。又取抆也。漱唾所出，恒加抆拭，因以為名也。」免聲、文聲，古音皆在諄部。浼從免聲，《詩．新台》洒、浼、殄為韻。閔從文聲，《鴟鴞》勤、閔為韻）。勿，文弗切，今音在物部，於古為脂部（《說文》「勿州里所建旗。」經傳多作物。《周禮．司常》「大夫士建物，帥都建旗，州里建旟。」《大司馬》「鄉家載物」、《鄉射禮》「旌各以其物」、《書．

立政》「時則勿有閒之」、《論衡・譴告》作「時則物有閒之。」《莊子・天道》「中心物愷」，《釋文》「物本亦作勿。」《易・說卦傳》「月火相逮」以下逮、悖、氣、物為韻。詩句中韻，《賓之初筵》勿與醉相協．《節南山》勿與弗相協）。韻皆不同，而今音同屬微紐，於古為明，是雙聲也。

嗢從昷聲。嗢、烏沒切，今音在沒部，於古為脂部．昷、烏渾切，今音在魂部，於古為諄部．韻皆不同，而同屬影紐，是雙聲也。

呶從奴聲。呶、女交切，今音在肴部，於古為宵部（《詩・賓之初筵》「載號載呶」，號呶自韻．號古音在宵部，《北山》號、勞為韻）。奴、乃都切，今音在模部，於古為魚部（帑從奴聲，《詩・常棣》帑與家、圖、乎為韻．怒從奴聲，《雲漢》怒與去、故、莫、虞為韻）．韻皆不同，而呶今音在娘紐，於古歸泥，奴古今音皆屬泥紐，是雙聲也。

　　⿺走𢧜從𢧜聲，𢧜從戥聲，戥從呈聲（呈從𡈼聲，𡈼、他鼎切，與⿺走𢧜、𢧜為旁紐雙聲）。⿺走𢧜、𢧜並直質切，今音在質部，於古為至部（《說文》⿺走𢧜下曰：「讀若《詩》曰『威儀秩秩。』」𢧜下曰「讀若《詩》『𢧜𢧜大猷』」今詩亦作「秩秩大猷」。《賓之初筵》秩與抑、怭為韻，《假樂》秩與抑、匹為韻）。呈、直貞切，今音在清部，於古為耕部（酲、程並從呈聲，《詩．節南山》酲與定、生、寧、成、政、姓為韻，《小旻》程與經、聽、爭、成為韻。聽從𡈼聲）。韻皆不同，而今音同屬澄紐，於古歸定，是雙聲也。

　　延從𠂆聲。延、以然切，今音在仙部，於古為元部（《楚辭．遠游》延與仙為韻。筵從延聲，《賓之初筵》與反、幡、遷、僊為韻。《漢書．古今人表》「赧王延」《史記．索引》作誕。《詩．皇矣》五章援、羨、岸為韻，而畔、誕與之協。此在古音元部之證也。又《詩．大雅》「施於條枚」，《呂氏春秋》、《韓詩外傳》、《新序》皆作「延與條枚」。《方言一》「凡施與年者謂之延。」此雙聲通借也）。厂、余制切，今音在祭部，於古為支部（虒從厂聲，篪從虒聲，《詩．何人斯》篪與知、斯為韻，《板》篪與圭、攜為韻）。韻皆不同，而今音同屬喻紐，於古歸影，是雙聲也。

句從丩聲。句、古候切，又九遇切，今音在候部，又在遇部，於古為侯部（《詩．行葦》句與鍭、樹、侮為韻。駒從句聲，《漢廣》駒與蔞為韻）。丩、居虯切，今音在尤部，於古為幽部（《說文》「丩相糾繚也。」以糾釋丩。《詩．良耜》糾與蓼、朽、茂為韻）。韻皆不同，而同屬見紐，是雙聲也。

訐從干聲。訐、居謁切，今音月部，於古為祭部。干、古寒切，今音在寒部，於古為元部。韻皆不同，而皆屬見紐，是雙聲也。

𢍰從八，八亦聲。𢍰、布還切，今音在刪部，於古為元部（《說文》「𢍰讀若頒。」《孟子．梁惠王上》「頒白者」注「頒班也。頭半白曰頒，班班然者也。」《周禮．太宰》「八曰匪頒之式。」司農注：「頒讀為班布之班。謂班賜也。」頒班古音皆在元部。《易．上經．屯六二》邅、班為韻，《上六》班、漣為韻）。八、博拔切，今音在黠部，於古為至部（穴從八聲，《詩．大車》穴與室、日為韻。匹從八聲，《詩．假樂》匹與抑、秩為韻）。韻皆不同，而古今音皆屬幫紐，是雙聲也。

革古文革。從臼聲。革、古覈切，今音在麥部，於古為之部（《詩．羔羊》革與緎、食為韻）。臼、居玉切，今音在屋部，於古為幽部（《說文》「臼叉手也。」「匊在手曰匊。」《玉篇》「臼古文作匊。」經傳皆作匊，俗作掬。《詩・椒聊》匊與篤為韻）。韻皆不同，而古今音皆屬見紐，是雙聲也。

・旦、得案切，今音在翰部，於古為元部。韻皆不同。而䩣今音屬照紐，於古歸端，旦古今音皆屬端紐，是雙聲也。

鞞從卑聲。鞞、并頂切，今音在迥部，於古為耕部・卑、補移切，今音在支部，於古亦為支部。韻皆不同，而同在幫紐，是雙聲也。

鬮從龜聲。鬮、古候切，今音在候部，於古為幽部（《說文》「鬮讀若三合繩糾。」《詩・良耜》糾與蓼、朽、茂為韻）。龜、居追切，今音在脂部，於古為之部（《詩・緜》龜與飴、謀、時、茲為韻，《易經・頤初九》龜與頤為韻）。韻皆不同，而古今音皆屬見紐，是雙聲也。

㪉篆文作敢，從古聲。敢、古覽切，今音在敢部，於古爲談部（《詩．大車》敢與檻、菼爲韻，《楚辭．九章》敢與憺爲韻）。古、公戶切，今音在姥部，於古爲魚部（《樂記》子夏對魏文侯，古與旅、鼓、武、雅、語、下爲韻）。韻皆不同，而皆屬見紐，是雙聲也。

曼從冒聲。曼、無販切，今音在願部，於古爲元部（慢從曼聲，《詩．大叔于田》慢、罕爲韻。蔓從曼聲，《楚辭．山鬼》閒、蔓、閒爲韻）。冒、莫報切，今音在號部，於古爲幽部（《詩．日月》二章，冒、好、報爲韻）。韻皆不同。而曼今音屬微紐，於古歸明，冒古今音同屬明紐，是雙聲也。

杏從可省聲。杏、何梗切，今音在梗部，於古爲陽部（《詩．關雎》「參差荇菜」《釋文》「本一作莕。」《說文》荇下曰：「莕或從行同。」」行聲古音在陽部．《詩．擊鼓》行與鏜、兵爲韻）。可、枯我切，今音在哿部，於古為歌部（《詩．何人斯》可與禍、我為韻）。韻皆不同。而杏古今音皆屬匣紐，可今音在溪紐｜然何從可聲，《石鼓》文「其魚佳可。」即「維何」也。則可之古音必同何，同屬匣紐，是雙聲也。

員從口聲。員，王權切，今音在仙部，於古為諄部（《詩．出其東門》員與門、雲、雲、存、巾為韻）。口，羽非切，今音在微部，於古為脂部（《說文》「口者回也。象回帀之形。」《詩．閟宮》回與枚、依、遲為韻。又口經傳皆作圍。《詩．長發》圍與違、齊、遲、躋、遲、祇為韻）。韻皆不同。而今音同屬為紐，於古歸影，是雙聲也。

那從冄聲。那，諾何切，古今音皆在歌部（《詩．桑扈》那與難為韻。《左傳．宣二年傳》宋謳那與多、皮、何為韻）。冄，而琰切，今音在琰部，於古為談部（《說文》冄下曰「從耳冄聲。」耼下曰「冄或從甘。

」詩・巧言三章甘、餤為韻）。韻皆不同。而那古今音同在泥紐，冄今音在日紐，於古亦歸泥紐，是雙聲也。

朝從舟聲。朝、陟遙切，古今音皆在宵部（《詩・羔裘》朝與搖、忉為韻，《漸漸之石》朝與高、勞為韻）。舟、職流切，今音在尤部，於古為幽部（《詩・柏舟》舟與流、憂、游為韻，《谷風》舟與游、求、救為韻）。韻皆不同。而朝今音在知紐，於古歸端，舟今音在照紐，於古亦歸端紐，是雙聲也。

冥從冖聲。冥、莫經切，今音在青部，於古為耕部（《詩・斯干》冥與庭、楹、正、寧為韻）。冖、莫狄切，今音在錫部，於古為支部。韻皆不同，而皆屬明紐，是雙聲也。

仍從乃聲。仍、如乘切，古今音皆在蒸部（《楚辭・九章・悲回風》仍與膺為韻）。乃、奴亥切，今音在海部，於古爲之部（《詩．緜》四章止、右、理、畮、事爲韻，而八廼字與之協。五章廼、其相協）。韻皆不同。而仍今音在日紐，於古歸泥，乃古今音同屬泥紐，是雙聲也。

兢從丰聲。兢、居陵切，古今音皆在蒸部（《詩．無羊》兢與蒸、雄、崩、肱、升爲韻）。丰、古拜切，今音在怪部，於古爲祭部（《說文》「丰艸蔡也。讀若介。」蔡、介古音皆在祭部）。韻皆不同，而同屬見紐，是雙聲也。

頞從安聲。頞、烏割切，今音在曷部，於古爲祭部（《說文》頞下曰：「齃或從鼻曷。」從鼻曷聲也。曷聲古音在祭部）。安、烏寒切，今音在寒部，於古爲元部。韻皆不同，而同屬影紐，是雙聲也。

屖從辛聲。屖、先稽切，今音在齊部，於古爲脂部（《說文》「屖屖遲也。」《玉篇》曰：「屖今作栖。

」則犀、遲即〈詩．陳風〉之棲遲也。〈出車〉遲、萋、喈、祁、歸、夷為韻，皆在古音脂部）。辛、息鄰切，古今音皆在真部（新從亲聲，亲從辛聲，〈詩．文王〉天、新為韻。亲經傳皆作榛。〈青蠅〉榛、人為韻。〈說文〉無莘。然當是從艸辛聲。〈大明〉天、莘為韻。皆在古音真部）。韻皆不同，而同屬心紐，是雙聲也。

顒從禺聲（鰅亦同）。顒、魚容切，今音在鍾部，於古為東部（〈詩．六月〉顒與公為韻）。禺、牛具切，今音在虞部，於古為侯部（隅從禺聲，〈詩．綢繆〉隅與芻、逅、逅為韻，〈抑〉隅、愚為韻。愚亦禺聲。〈說文〉「禺、母猴屬。」以猴釋禺。猴從侯聲。偶從禺聲）。韻皆不同。而同屬疑紐，是雙聲也。

〔女而〕從而聲。〔女而〕、奴禾切，今音在戈部，於古為歌部。而、如之切，古今音皆在之部。韻皆不同。而〔女而〕古今音皆屬泥紐，而今音在日紐，於古亦歸泥，是雙聲也。

熊從炎省聲。熊，羽弓切，今音在東部，於古為烝部（《左傳·文十八年傳》「仲熊」，《潛夫論·五德志》作仲雄，張叔《反論》云：「賓爵下革，田鼠上騰，牛哀虎變，鯀化為熊。」熊與騰為韻。王劭曰：「古人讀熊與雄皆于陵反。」雄、騰古音皆在烝部）。炎，于廉切，今音在鹽部，於古為談部（《詩·大車》檻、菼、敢為韻。菼從炎聲）。韻皆不同。而今音同屬為紐，於古歸影，是雙聲也。

㶣從衣聲。㶣，烏痕切，今音在痕部，於古為諄部（《說文》㶣下曰：「以微火温肉。」以温釋㶣。温從昷聲，古音在諄部）。衣，於希切，今音在微部，於古為脂部（《詩·葛覃》歸、私、衣為韻，《柏舟》微、衣、飛為韻）。韻皆不同，而同屬影紐，是雙聲也。

褎從采聲。褎，似又切，今音在宥部，於古為幽部（俗作袖。由聲，古在幽部）。采，徐醉切，今音在至部，於古為脂部（俗作穗，惠聲。〈詩．節南山〉惠、戾、屆、闋為韻，皆脂部音也）。韻皆不同。而今音同屬邪紐。於古歸心，是雙聲也。

黱從朕聲。黱、徒耐切，今音在代部，於古為之部（黱變體作黛。如螟蟘古作螟螣之比。黛從代聲，代貣並從弋聲，古音在之部）。朕、直稔切，今音在寑部，於古為蒸部（知者，從朕得聲之字，如縢、勝、騰等，古音皆在蒸部。〈詩．小戎〉縢與膺、弓、興為韻，〈正月〉勝與蒸、夢、憎為韻，〈十月之交〉騰與陵、崩、懲為韻）。韻皆不同。而黱古今音同屬定紐，朕今音在澄紐，於古亦歸定，是雙聲也。

耎從而聲。耎、而沇切，今音在獮部，於古為元部。而、如之切，古今音皆在之部。韻皆不同。而今音同屬日紐，於古為泥，是雙聲也。

恧從而聲。恧、女六切，今音在屋部，於古為幽部。而、如之切，古今音皆在之部。韻皆不同。而恧今音在娘紐，於古歸泥，而今音在日紐，於古亦歸泥，是雙聲也。

怛從旦聲。怛、當割切，今音在曷部，於古為祭部（《詩．甫田》怛與桀為韻，《匪風》怛與發、偈為韻）。旦、得案切，今音在翰部，於古為元部（《詩．匏有苦葉》旦與鴈、泮為韻，《女曰雞鳴》旦與爛、鴈為韻）。韻皆不同，而同屬端紐，是雙聲也。

冶從台聲。台從以聲。冶、羊者切，今音在馬部，於古為魚部（《易．繫辭上》「容冶誨淫」。《釋文》「冶、鄭、陸、虞、姚、王肅本作野」。《易．繫辭上．傳》集解：「今本野為冶。」野古音在魚部。《詩．燕燕》野與羽、雨為韻，《葛生》野與楚、處為韻）。以、羊止切，今音在止部，於古為之部（《詩．谷風》沚、以為韻，《旄丘》久、以為韻）。韻皆不同。而今音同屬喻紐，於古歸影，是雙聲也。

　戹從乙聲。戹、於革切，今音在麥部，於古為支部（《詩・韓奕》幦、戹為韻。按幦今《詩》作幭。段氏謂「從他經作幦。考《車覆笭》、《既夕禮》、《王藻》、《少儀》、《公羊傳》、《說文》皆謂之幦。《毛詩》幭、戹二字皆屬段借。」段說是也。軶從戹聲，《楚辭・卜居》軶、蹟為韻）。乙、於筆切，今音在質部，於古為至部。韻皆不同，而同屬影紐，是雙聲也。

　閟從必聲。閟、兵媚切，今音在至部，於古為脂部（《詩・載馳》閟與濟為韻）。必、卑吉切，今音在質部，於古為至部（珌、怭並從必聲。《詩・瞻彼洛矣》珌與室為韻，《賓之初筵》怭與抑、秩為韻）。韻皆不同，而同屬幫紐，是雙聲也。

　閼從於聲。閼、烏割切，今音在曷部，於古為祭部（《列子・楊朱》「勿壅勿閼。」《釋文》「閼與遏同

・」《穆天子傳》「閼氏胡氏」注「閼音遏。」《左傳・襄二十五年傳》「閼父」，《隱三年》疏、《魯語下》注、《史記・陳世家索引》，並作「遏父」。遏從曷聲，古音在祭部。《詩・采葛》葛月為韻，《七月》發、烈、褐、歲為韻。葛、褐並從曷聲）。於、哀都切，今音在模部，於古為魚部（《說文》「於象古文烏省。」《詩・北風》烏與狐、車、邪、且為韻）。韻皆不同，而同屬影紐，是雙聲也。

匿從若聲。匿、女力切，今音在職部，於古為之部（暱從匿聲，《詩・苑柳》與息、息、極為韻。《說文》無慝字，然慝當是匿聲，《瞻仰》與忒、背、極、識、織為韻）。若、而灼切，今音在藥部，於古為魚部（《詩・氓》落、若為韻，《閟宮》繹、宅、貊、諾、若為韻）。韻皆不同，而匿今音在娘紐，於古歸泥，若今音在日紐，於古亦歸泥，是雙聲也。

鼏從冖聲。鼏、彌必切，今音在質部，於古為至部（𧖅重文作蜜。《詩·公劉》蜜、即為韻。蜜從宓聲。宓從必聲，珌亦從必聲，《瞻彼洛矣》珌、室為韻）。冖、莫狄切，今音在錫部，於古為支部。韻皆不同，而同屬明紐，是雙聲也。

勱從萬聲。勱、莫話切，今音在夬部，於古為祭部（《說文》勱下曰：「讀若厲。」《詩·正月》厲與滅、威為韻，《瞻仰》厲與惠、瘵、屆為韻）。萬、無販切，今音在願部，於古為元部（《詩·簡兮》句中韻，簡、萬相協）。韻皆不同。而勱古今音同屬明紐，萬今音在微紐，於古亦歸明紐，是雙聲也。

軜從内聲。軜、奴荅切，今音在合部，於古為緝部（《詩·小戎》合、軜、邑為韻）。内、奴對切，今音在隊部，於古為脂部（《詩·蕩》類、懟、懟、内為韻，《抑》寐、内為韻）。韻皆不同，而同在泥紐，是雙聲也．

䡝從宛聲．䡝、於云切，今音在文部，於古為諄部（《篇韻》云：「轒䡝兵車」《漢書》、《文選》皆作轒輼．轒輼疊韻，䡝亦當在古音諄部）．宛、於阮切，今音在阮部，於古為元部（婉從宛聲，《詩．野有蔓艸》與溥、願為韻）．韻皆不同，而同屬影紐，是雙聲也．

存從才聲．存、徂尊切，今音在魂部，於古為諄部（《詩．出其東門》存與門、雲、雲、巾、員為韻）．才、昨哉切，今音在咍部，於古為之部（《詩．駉》才與駓、騏、伾、期為韻）．韻皆不同，而同屬從紐，是雙聲也．

𨘃從䮔聲．𨘃、中句切，今音在遇部，於古為侯部（《說文》「𨘃讀若住。」住從主聲，古侯部音也）．䮔、之壘切，今音在紙部，於古為歌部（《說文》「䮔從垂聲．讀若箠。」古歌部音也）．韻皆不同，而𨘃今音屬知紐，於古歸端。駯今音屬照紐，於古亦歸端，是雙聲也。按段氏謂⿺辶駯下「讀若住」三字當在逗字下，王氏筠亦主段說。引《後漢書．光武紀》注曰：「逗古住字。」說亦通。

（附）所從聲母與讀若之字為雙聲者

壻從胥聲。讀若細同。胥、相居切，古今音同在魚部。細、息計切，今音在霽部，於古為脂部。韻皆不同，而同屬心紐，是雙聲也。

⿱艹夢從夢聲。讀若萌。夢、莫忠切，今音在東部，於古為蒸部（《詩．雞鳴》三章薨、夢、憎為韻）。萌、武庚切，今音在庚部，於古為陽部（萌從明聲，《詩．雞鳴》二章，明、昌、明、光為韻）。韻皆不同。而夢古今音同屬明紐，萌今音屬微紐，於古歸明紐，是雙聲也。

㪇從豈聲。讀若䝚。豈、墟喜切，今音在尾部，於古為脂部（《詩．蓼蕭》三章，泥、弟、弟、豈為韻）．貇，康狠切，今音在很部，於古為諄部（貇從艮聲，艱亦從艮聲．《詩．北門》二章，門、殷、貧、艱為韻）．韻皆不同，而同屬溪紐，是雙聲也．

⿰年阝從年聲．讀若寧．年，奴顛切，今音在先部，於古為真部（《詩．鳲鳩》四章，榛、人、人、年為韻）．寧，奴丁切，今音在青部，於古為耕部（《詩．常棣》五章，平、寧、生為韻）．韻皆不同，而同屬泥紐，是雙聲也．

倗從朋聲．讀若陪．朋，步崩切，今音在登部，於古為蒸部（《詩．椒聊》一章，升、朋為韻，《菁菁者莪》三章，陵、朋為韻）．陪，薄回切，今音在灰部，．於古為侯部（知者，陪從咅聲，蔀從部聲，部亦從咅聲《易下經》豐初九、六二、九四，皆主、蔀、斗為韻可證）．韻皆不同，而同屬並紐，是雙聲也．

艐從㚇聲。讀若莘。㚇，子紅切，古今音同爲東部。莘、阻史切，今音在止部，於古爲之部（莘從宰聲，〈詩．十月之交〉四章士、宰、史爲韻）。韻皆不同。而㚇古今音同屬精紐，莘今音屬莊紐，於古歸精，是雙聲也。

庳從卑聲。讀若逋。卑，府移切，古今音同爲支部（埤從卑聲，〈晉語〉醫和所聞，危、埤爲韻）。逋、博孤切，今音在模部，於古爲魚部（逋從甫聲，〈詩．揚之水〉二章，楚、甫爲韻。輔從甫聲，〈正月〉十章．雨、輔、予爲韻）。韻皆不同。而卑今音屬非紐，於古歸幫紐，甫古今音同屬幫紐，是雙聲也。

㥝從弭聲。讀若沔。弭，緜婢切，今音在紙部，於古爲支部（弭之重文作𢐒，兒聲。〈左傳．哀十三年傳〉乞糧辭，繠、繫、睨爲韻。睨從兒聲）．沔、彌兖切，今音在獮部，於古爲真部（沔從丏聲。賓從𡧍聲，𡧍從丙聲。《詩．北山》二章，濱、臣、均、賢為韻，《信南山》三章，賓、年為韻）。韻皆不同，而同屬明紐，是雙聲也。

𩅿從鮮聲。讀若斯。鮮，相然切，今音在仙部，於古為元部（《詩．新台》一章，三四兩句燕、婉、鮮相協）。斯，息移切，古今音同為支部（《詩．墓門》一章，斯、知為韻，《小弁》一章，斯、提為韻）。韻皆不同，而同屬心紐，是雙聲也。

寘從真聲。讀若資。真，側鄰切，古今音同為真部。資，即夷切，古今音同為脂部（《詩．板》五章，懠、毗、迷、尸、屎、葵、資、師為韻）。韻皆不同。而真今音屬莊紐，於古歸精，資古今音同屬精紐，是雙聲也。

媼從昷聲。讀若奧。昷，烏渾切，今音在魂部，於古為諄部（《詩．緜》八章，慍、問為韻。慍從昷聲）

奧、烏到切，今音在號部，於古為幽部（《詩．小明》三章，奧與蹙、菽、戚、宿、覆為韻）。韻皆不同，而同屬影紐，是雙聲也。

䌩從集聲。讀若捷。集、秦入切，古今音同為緝部（《詩．大明》四章，集、合為韻）。捷、疾葉切，今音在葉部，於古為盍部（《詩．采薇》四章，葉、捷為韻）。韻皆不同，而同屬從紐，是雙聲也。

蚩從屮聲。讀若騁。屮、丑列切，今音在薛部，於古為祭部（岜從屮聲，辥從岜聲，櫱、蠥並從辥聲。《詩．碩人》四章，櫱與活、濊、發、揭、朅為韻，《楚辭．天問》蠥與繼、達為韻）。騁、丑郢切，今音在靜部，於古為耕部（《詩．采薇》二章，定、騁為韻）。韻皆不同，而同屬徹紐，於古歸透，是雙聲也。

蜦從侖聲。讀若戾。重文作蜧。侖、力迍切，古今音同屬諄部（輪、淪並從侖聲，《詩．伐檀》三章，輪、濟、淪、困、鷄、飧為韻）。戾、力計切，今音在齊部，於古為脂部（《詩．采菽》五章，維、葵、膍、戾、戾為韻）。韻皆不同，而同屬來紐，是雙聲也。

鉹從多聲。讀若擿。多，得何切，古今音同為歌部（《詩．鳧鷖》二章，沙、宜、多、嘉、為為韻）。擿、竹戹切（又他歷切），今音在麥部（陌部兼收），於古為支部（擿從啇聲，啇從帝聲，《詩．君子偕君》三章，鬄、揥、皙、帝為韻）。韻皆不同。而多古今音同屬端紐，擿今音屬知紐，於古歸端紐，是雙聲也。

穀從㱿聲。讀若庫。㱿，苦角切，今音在覺部，於古為侯部（轂從㱿聲。《詩．小戎》一章，轂與驅、續、馵、玉、曲為韻）。庫，苦故切，今音在暮部，於古為魚部（《廣雅．釋室》「庫舍也」。《釋名．釋宮室》「庫舍也。物所在之舍也。」《詩．何人斯》五章，舍、車、盱為韻。庫從車在广下會意，車亦聲也）

韻皆不同，而同屬溪紐，是雙聲也。

稰從胥聲。讀若芟。胥，相居切，古今音同為魚部（稰從胥聲，《詩．伐木》三章，湑、酤、鼓、舞、暇、湑為韻）。芟，所銜切，今音在銜部，於古為談部（《漢書．賈誼傳》「故斬去不義諸侯。」注「斬讀與芟同。謂芟刈之。」斬從斬聲，《詩．節南山》一章，巖、瞻、惔、談、斬、監為韻）。韻皆不同。而胥古今音同屬心紐，芟今音屬疏紐，於古歸心，是雙聲也。

五、旁紐雙聲 本字與所從聲母韻部遠隔而實係旁紐雙聲者

葰從俊聲。葰、息遺切。古今音皆在脂部（《說文》「葰薑屬。可以香口。」《儀禮．既夕記》「實綏澤焉。」注「綏廉薑澤也。」按綏係葰之同音段借字。《詩．鴛鴦》摧、綏為韻，《有客》追、綏、威、夷為韻）。俊、子峻切，今音在稕部，於古為諄部（《書》「克明俊德」、《史記．五帝紀》作「能明馴德」。《詩

．女曰雞鳴》順、問為韻，《抑》訓、順為韻．馴、訓、順並從川聲．《書·太甲》「旁求俊彥．」《釋文》「俊本作畯．」《說命》「旁求俊乂．」《釋文》「俊本作畯．」《詩·甫田》句中韻孫、畯、孫相協）．韻皆不同．而俊古今音皆屬心紐，俊古今音皆屬精紐，精心旁紐雙聲也．

曾從囧聲．囧古文囱．曾，昨棱切，今音在登部，於古為蒸部（《詩·天保》興、陵、增為韻，《正月》蒸、夢、勝、憎為韻．增、憎並從曾聲）．囱，楚江切，今音在江部，於古為東部（《詩·羔羊》總與縫、公為韻，《兔爰》聰與罿、庸、凶為韻．總、聰並從悤聲，悤從囱，囱亦聲）．韻皆不同．而曾古今音皆屬從紐，囱今音在初紐，於古歸清紐，清從旁紐雙聲也．

⿰臣言從臣聲．⿰臣言，職雉切，今音在旨部，於古為脂部（《說文》⿰臣言下曰：「讀若脂．」）臣，植鄰切，古今音皆在真部（〈詩．北山〉臣與濱、均、賢為韻）。韻皆不同。而⿰臣言今音在照紐，臣今音在禪紐，照禪旁紐雙聲也。古音照紐歸端，禪紐歸定，端定亦旁紐雙聲也。

䙴（䙴）從囟聲。䙴、七然切，今音在仙部，於古為元部（〈廣雅．釋言〉「䙴、遷也。」〈漢書．曆律志下〉集注、〈地理志下〉集注、〈郊祀志上〉集注，皆曰：「䙴古遷字。」〈詩．氓〉二章，遷與垣、關、關、漣、關、言、言為韻）。囟、息進切，今音在震部，於古為之部（知者，〈說文〉囟之或體作⿰月宰，宰聲，古音在之部。〈詩．十月之交〉士、宰、史為韻。梓從宰省聲，〈小弁〉與止、母、裏為韻。又思從囟聲，〈詩．終風〉與霾、來、來為韻）。韻皆不同。而䙴古今音皆屬清紐，囟古今音皆屬心紐，清心旁紐雙聲也。

⿰亡攵從亡聲。⿰亡攵，芳武切，今音在麌部，於古為魚部（〈說文〉⿰亡攵下曰：「讀若撫。」〈廣韻〉⿰亡攵、撫同。

無聲，古音在魚部．〈詩．巧言〉且、辜、憮為韻，〈簡兮〉舞、處為韻．憮、舞並從無聲）．亡、武方切，古今音皆在陽部（古借亡為無，雙聲通借也．〈詩．綠衣〉裳、亡為韻）．韻皆不同．而𢻬今音在敷紐，於古為幫紐，亡今音在微紐，於古為明紐．敷微旁紐雙聲，幫明亦旁紐雙聲也．

睼從是聲．睼、他甸切，今音在霰部，於古為真部（〈說文〉睼下曰：「讀若珥瑱．」〈詩．采菖〉淵、闐為韻，〈桑柔〉旬、民、填、天、矜為韻．瑱、闐、填並從真聲）．是、承旨切，今音在旨部，於古為支部（〈詩．小弁〉斯、提為韻，〈葛屨〉提、辟、揥、刺為韻．提從是聲）．韻皆不同．而睼古今音皆屬透紐，是今音屬禪紐，於古歸定紐，透定旁紐雙聲也．

蚩從屮．屮亦聲．蚩、職緣切，今音在線部，於古為元部（專從叀聲，轉、溥並從專聲，〈詩．柏舟〉轉與卷、遷為韻，《野有死鹿》漙與婉、願為韻）。屮、丑列切，今音在辥部，於古為祭部（𡴭從屮聲，辥從𡴭聲，櫱、蠥並從辥聲，《詩．碩人》櫱與活、濊、發、楬、朅為韻，《楚辭．天問》蠥與繼、荅為韻）。韻皆不同．而屮今音在照紐，於古歸端紐，屮今音在徹紐，於古歸透紐，端透旁紐雙聲也．

骫從丸聲．骫、於詭切，今音在紙部，於古為脂部．丸、胡官切，今音在桓部，於古為元部（《詩．殷武》丸與山、遷、虔、梴、閑為韻）．韻皆不同．而骫古今音皆屬影紐，丸古今音皆屬匣紐，影匣旁紐雙聲也．

虘從且聲．虘、昨何切，古今音同在歌部（《說文》虘下曰：「讀若鄌縣．」鄌、虘同音．亦昨何切）．且、子余切，古今音皆為魚部．韻皆不同．而虘古今音皆屬從紐，且古今音皆屬精紐，精從旁紐雙聲也．或謂虘、鄌古音必讀如且，同在魚部．鄌，沛國縣也．沛人言鄗昨何切，此方言之異。而虘並讀同之也。此亦可通。然方言之異，固多由雙聲轉音也。

虙從必聲。虙、方六切，今音在屋部，於古為幽部（伏羲氏《易．繫傳下》作包犧氏，《漢書．歷律志》作炮，《列子．黃帝》作庖，《尚書序．釋文》「伏本作虙。」《漢書．古今人表》作宓，而《百官公卿表．集注》及《五經文字》引《論語．釋文》皆謂宓為虙之譌。伏在古音之部，雙聲通借也。炮、庖並從包聲，古音在幽部）。必、卑吉切，今音在質部，於古為至部（珌、怭並從必聲，《詩．瞻彼洛矣》珌、室為韻，《賓之初筵》抑、怭、秩為韻）。韻皆不同。而虙今音在奉紐，於古歸並，必古今音皆屬幫紐，幫並旁紐雙聲也。

短從豆聲。（各本皆作豆聲。段玉裁曰：「豆聲當作從豆。從豆之意，與從矢同也。」引考工記「豆中縣」為說。然長短與豆意無取，當仍存豆聲為是）。短、都管切，今音在綫部，於古為元部《書．洪範》「凶短折。」鄭注：「未冠曰短。」又《洪範．五行傳》「厥極凶短折。」注：「未冠曰短。」以冠釋短，疊韻為訓也。《詩．素冠》冠、欒、慱為韻。《左傳．莊十八年》注：「蜮短狐也。」《釋文》「短本作斷。」斷亦在古音元部）。豆，徒候切，今音在候部，於古為侯部（《詩．常棣》豆、具、孺為韻）。韻皆不同。而短古今音皆在端紐，豆古今音皆在定紐，端定旁紐雙聲也。

贛從竷省聲。贛，古送切，今音在送部，於古為東部（《說文》「贛，賜也。」孔子弟子端木賜字子贛。《論語》作貢。贛貢同音。貢從工聲，古音在東部）。竷、苦感切，今音在感部，於古為侵部（《說文》贛下曰：「《詩》曰：『竷竷鼓我。』」《小雅．伐木》作坎坎。《易．上經．初六》坎與窞為韻，《六三》坎與枕、窞為韻。《魯詩．伐檀》作欿欿。窞、欿並從臽聲。《

澤陂〉萏與嬐、枕為韻，萏亦臽聲也）。韻皆不同。而贛古今音皆屬見紐，竷古今音皆屬溪紐，見溪旁紐雙聲也。

冢從豕聲。冢，知隴切，今音在腫部，於古為東部（〈詩．七月〉句中韻冢與戎相協。〈廣雅．釋山〉「冢腫也。」〈釋名．釋山〉「冢腫也．言腫起也。」〈釋名．釋喪服〉「冢腫也．象山頂之高腫起也。」〈方言〉十三「冢秦晉之間，或謂之壠。」腫、壠並在古音東部）。豕，丑六切，今音在屋部，於古為幽部（大徐〈說文〉逐下曰：「豚省。」小徐本及〈韻會〉作豕聲．段氏謂：「二字正豕省聲三字之誤。」豚省，豕聲，皆不可通，段說為是。〈易．上經．大畜．九二．九三．六四〉均輹、逐、牿為韻。遂從逐聲，〈詩．我行其野〉遂、宿、畜、復為韻）。韻皆不同。而冢今音屬知紐，於古歸端；豕今音在徹紐，於古歸透。知徹旁紐雙聲，端透亦旁紐雙聲也。

烓從圭聲。烓，口迥切，今音在迥部，於古為耕部（《說文》烓下曰：「讀若回。」段玉裁謂「同、《汲古閣》作回誤。」扃從同聲，《左傳．襄五年》引逸詩挺扃定為韻）。圭、古畦切，今音在齊部，於古為支部（《詩．板》六章，篪、圭、攜為韻）。韻皆不同。而烓古今音皆屬溪紐，圭古今音皆屬見紐，見溪旁紐雙聲也。

埻（楷書埻）從𦎧聲。埻、丁罪切，今音在賄部，於古為脂部（《說文》埻下曰：「磊埻重聚也。」磊、埻疊韻。今俗語猶有之。磊聲古音在脂部）。𦎧、常倫切，古今音皆在諄部（啍鶉並從享聲，《詩．大車》啍與璊、奔為韻，《伐檀》鶉與輪、漘、淪、囷、飧為韻。《說文》「𦎧，孰也。」字作純。《大戴禮．哀公問：五義篇》純、循為韻）。韻皆不同。而埻古今音皆屬端紐，享今音在禪紐，於古歸定紐，端定旁紐雙聲也。

憲從害省聲。憲、許建切，今音在願部，於古為元部（《詩．板》二章，難、憲為韻）。害、胡蓋切，今音在泰部，於古為祭部（《詩．泉水》三章，舝、邁、衛、害為韻）。韻皆不同。而憲古今音同屬曉紐。害古今音同屬匣紐，曉匣旁紐雙聲也。

潧從曾聲。潧、側詵切，今音在臻部，於古為真部（《說文》「《詩》曰『潧與洧汍汍兮。』」今《鄭風．溱洧》潧作溱，汍作渙。《褰裳》一章，溱人為韻）。曾、昨稜切，今音在登部，於古為蒸部（《詩．天保》三章，興、陵、增為韻。增從曾聲）。韻皆不同。而潧今音屬莊紐，於古歸精紐；曾古今音同屬從紐，精從旁紐雙聲也。

截從雀聲。截、昨結切，今音在屑部，於古為祭部（《詩．長發》三章，截與撥、達、達、越、發、烈為韻。六章，截與旆、鉞、烈、曷、櫱、達、伐、桀為韻）。雀、即略切，今音在藥部，於古為宵部（《說文》雀下曰：「讀與爵同。」雀鳴節節足足，禮器象其鳴曰爵。雀、爵同音，古用不分。《禮記．三年問》「小者至盡雀。」《釋文》「雀本作爵。」《莊子．在宥》「方將拊脾雀躍而遊。」《釋文》「雀本作爵。」《荀子．禮論》注「燕爵即燕雀也。」《孟子．離婁上》「為叢驅爵者。」《晉書．段灼傳》作「為叢驅雀者。」《詩．簡兮》爵與籥、翟為韻，《桑柔》爵與削、溺為韻）。韻皆不同。而截古今音皆屬從紐，雀古今音皆屬精紐，精從旁紐雙聲也。

緐從每聲。緐、附袁切，古今音皆在元部（《詩．公劉》二章，緐與原、宣、歎、巘為韻）。每、武罪切（《唐韻》切武罪，係類隔切也。改音和，當作莫罪），今音在賄部，於古為之部（《左傳．僖二十八年》晉

「輿人誦」每與謀爲韻。謀古音在之部），韻皆不同。而緜今音屬奉紐，於古歸並紐，每古今音皆屬明紐，並明旁紐雙聲也。

鼉從單聲。鼉、徒何切，古今音皆在歌部。單、都寒切，今音在寒部，於古爲元部。韻皆不同。而鼉古今音皆屬定紐，單古今音皆屬端紐，端定旁紐雙聲也。

六、疊韻兼旁紐雙聲

（甲）本字與所從聲母古今音皆同部不待證明者

䋽從彭聲。（《說文》彭從彡聲。大徐謂「彡非聲。當從形省乃得聲。」按形聲古音在耕部，《易．象上傳．乾卦》形、成、貞、寧爲韻可證。形亦非聲也。段注曰：「從彡，各本作彡聲，今正。彡猶三也。大司馬冬狩言三鼓者四，言三闋者一。《左傳》曹劌亦言三鼓。」《說文》「彭鼓聲也。」段說爲是。）䋽、補盲切，彭、簿庚切，今音同在庚部，於古爲陽部，是疊韻也

・鬃古今音皆屬幫紐，彭古今音皆屬並紐，幫並旁紐雙聲也。

祰從告聲。祰、苦浩切，今音在晧部。告、古奧切，今音在號部。古音無上去，同為幽部。是疊韻也。祰古今音皆屬溪紐，告古今音皆屬見紐，見溪旁紐雙聲也。

琮從宗聲。琮、藏宋切，宗、作冬切，今音同在冬部，於古為侵部。琮古今音皆屬從紐，宗古今音皆屬精紐，精從旁紐雙聲也。

琤從爭聲。琤、楚耕切，爭、側莖切，今音皆在耕部，於古亦為耕部。琤今音在初紐，爭今音在莊紐，莊初旁紐雙聲。古音莊紐歸精，初紐歸清，精清亦旁紐雙聲也。

茲從絲省聲。茲、子之切，絲、息茲切，今音同在之部，於古亦為之部。茲古今音皆屬精紐，絲古今音皆屬心紐，精心旁紐雙聲也。

選從巽聲。巽從𠀀聲。選、思沇切，𠀀、士戀切，𠀀今今音同在線部，於古為元部。選古今音皆屬心紐，𠀀今音在床紐，於古歸從，從心旁紐雙聲也。

讀從賣聲，賣從𦬁聲，𦬁從圥聲，圥從六聲。讀、徒谷切，六、力竹切，今音同在屋部，於古為幽部。讀古今音同屬定紐，六古今音同屬來紐，定來旁紐雙聲也。

段從耑省聲。段、徒玩切，耑、冬多切，今音皆在桓部，於古為元部。段古今音同屬定紐，耑古今音同屬端紐，端定旁紐雙聲也。

豬從者聲，者從古文旅聲。豬、陟魚切，今音在魚部。旅、力舉切，今音在語部，古音無平上之別，同在魚部。是疊韻也。豬今音在知紐，於古為端，旅古今音同屬來紐，端來旁紐雙聲也。

（乙）本字與所從聲母今音韻部離隔而於古實為同部者

丕從不聲。丕、敷悲切，今音在脂部。不、方久切，今音在有部。韻不同矣。然駓、伾並從丕聲，〈詩．駉〉與騏、期、才為韻。而紑從不聲，〈絲衣〉與基、鼒為韻（鼒從才聲，基與騏、期並從其聲）。則丕、不古必同部（之部），是疊韻也。丕今音在敷紐，於古歸滂；不今音在非紐，於古歸幫。非敷為旁紐雙聲，幫滂亦旁紐雙聲也。

旁從方聲。旁、步光切，今音在唐部。方、府良切，今音在陽部。韻不同矣。然〈詩．清人〉旁與彭、英、翔為韻，〈汾沮洳〉方與桑、英、行為韻，則旁、方古必同部（陽部）。是疊韻也。旁古今音同屬並紐，方今音在非紐，於古歸幫，幫並旁紐雙聲也。

齎從齊省聲。齎、側皆切，今音在皆部，讀洪音。齊、徂兮切，今音在齊部，讀細音。韻不同矣。然〈詩．烝民〉齊與騤、喈、歸為韻。躋從齊聲，〈長發〉與違、齊、遲、遲、祇、圍為韻．而齋經典通作齊，〈禮記・祭統〉「齋之為言齊也．齊，不齊以致齊者也．」〈一切經音義〉引〈字林〉「齋戒潔也，亦齊也．」〈詩・采蘋・釋文〉、〈思齊序・釋文〉、〈左傳・昭二十三年傳〉「使五人齊而長入拜」〈釋文〉、〈昭二十五年傳〉「昭子齊於其寢」〈釋文〉、〈孝經〉「齊必變食」〈釋文〉、〈論語・鄉黨〉「齊必有明衣」〈釋文〉，皆曰：「齊本作齋」．則齋齊古必同部（脂部）．是疊韻也．齋今音在莊紐，於古歸精，齊古今音同屬從紐，精從旁紐雙聲也．

福從畐聲．福，方六切，今音在屋部，讀洪音．畐、芳逼切，今音在職部，讀細音．韻不同矣．然〈詩・天保〉福與食、德為韻，〈楚茨〉福與棘、稷、翼、食、祀、侑為韻．輻從畐聲，〈伐檀〉輻與側、直、億、特、食為韻．〈說文〉「畐讀若伏．」〈靈臺〉伏與亟、來、囿（侑囿並從有聲）為韻，《易經．雜卦傳》伏與食、色、飭為韻。則福畐古必同部（之部），是疊韻也。福今音在非紐，於古歸幫；畐今音在敷紐，於古歸滂。非敷旁紐雙聲，幫滂亦旁紐雙聲也。

祡從此聲。祡、仕皆切，今音在佳部，讀洪音。此、雌氏切，今音在脂部，讀細音。韻不同矣。按《說文》祡下曰：「燒柴尞祭天也。」以柴釋祡。柴亦此聲也，故祡、柴古亦通用。《詩．時邁．釋文》「祡《字林》作柴。」《列子．湯問》「聚柴積而焚之」。《釋文》「柴或通作祡」、《禮記．王制．釋文》「祡本作柴」。《詩．車攻》祡與佽為韻。又此從止匕會意，亦兼匕聲。《說文》此下曰：「從止從匕，匕相比次也。」《詩．杕杜》一二章皆比佽為韻。則祡、此古必同部（脂部），是疊韻也。祡今音在床紐，於古歸從，此古今音皆屬清紐，清從旁紐雙聲也。

亹從釁聲，釁從分聲。亹、莫奔切，今音在魂部。分、甫文切，今音在文部。韻不同矣。按釁變體作舋、作亹。芬從分聲，《詩・鳧鷖》亹、熏、欣、芬、艱為韻。則亹分古必同部（諄部），是疊韻也。亹古今音皆屬明紐，分今音在非紐，於古歸幫紐，幫明旁紐雙聲也。

荼從余聲，余從舍省聲。荼、同都切，今音在模部。舍、始夜切，今音在禡部。韻不同矣。然《詩・鴟鴞》荼與据、租、瘏、家（《毛詩》作租，今本作祖）為韻。餘從余聲，《都人士》餘與旟、盱為韻。而《何人斯》舍與車、盱為韻（《韓奕》祖、屠、車為韻），則荼舍古必同部（魚部），是疊韻也。荼古今音皆屬定紐，舍今音在審紐，於古歸透，透定旁紐雙聲也。

特從寺聲，寺從之聲。特、徒得切，今音在德部，讀洪音。之、止而切，今音在之部，讀細音。韻不同矣。然《詩・小戎》之與期為韻。時從寺聲，《頍弁》與期、來為韻。而〈黃鳥〉特與棘、息、息為韻（〈出車〉牧、來、載、棘為韻），則特之古必同部（之部），是疊韻也。特古今音皆屬定紐，之今音在照紐，於古歸端，端定旁紐雙聲也。

牝從匕聲。牝、毗忍切，今音在軫部。匕、卑履切，今音在旨部。韻不同矣。然〈詩．大東〉匕與砥、矢、履、視、涕為韻，〈老子〉「谷神不死．是為元牝。」牝與死為韻。〈大戴禮．易．本命篇〉「高者為生」四句，亦牝與死為韻（涕從弟聲，〈詩．陟岵〉弟偕死為韻）。則牝匕古必同部（脂部），是疊韻也。牝古今音皆屬並紐，匕古今音皆屬幫紐，幫並旁紐雙聲也。

呈從𡈼聲。呈、直貞切，今音在清部。𡈼、他鼎切，今音在迥部。韻不同矣。然聽從𡈼聲，〈詩．伐木〉與鳴、聲、聲、生、平為韻。酲從呈聲，〈節南山〉與定、生、寧、成、政、姓為韻。〈說文〉呈下曰：「平也。」𡈼下曰：「一曰象物出地挺生也。」一《左傳．襄十五年傳》引逸詩挺與局、定為韻。則呈𡈼古必同部（清部），是疊韻也。呈今音在澄紐，於古歸定紐，𡈼古今音皆屬透紐，透定旁紐雙聲也。

召從刀聲。召，直少切，今音在笑部，讀細音。刀、都牢切，今音在豪部，讀洪音。韻不同矣。然《詩．河漢》刀與朝為韻。忉從刀聲，《羔羊》與搖、朝為韻。沼、炤並從召聲，《正月》與樂、虐、殽為韻（搖、謠並從䍃聲，《園有桃》桃、殽、謠、驕為韻）。而《東方未明》召與倒為韻（倒從到聲，《韓奕》到、樂為韻）。則召刀古必同部（宵部）。是疊韻也。召今音在澄紐，於古歸定，刀古今音皆屬端紐，端定旁紐雙聲也。

說從兌聲。說，失藝切，今音在祭部，讀細音。兌、杜外切，今音在泰部，讀洪音。韻不同矣。然《詩．甘棠》一、二、三章，說與伐、茇、敗、愒、拜為韻。

而駾從兌聲，《緜》與拔、兌、喙為韻（犮、拔並從犮聲）則說兌古必同部（祭部），是疊韻也。說今音在審紐，於古歸透，兌古今音皆屬定紐，透定旁紐雙聲也。

誶從卒聲。誶、雖遂切，今音在隊部。卒、臧月切，今音在沒部。韻不同矣。然萃從卒聲，《詩．墓門》與誶為韻。瘁亦從卒聲，《雨無正》四章，瘁與退、遂、誶、退為韻（誶字今《詩》皆作訊，段氏考證訊譌誶正），五章．瘁與出為韻，《漸漸之石》卒與沒、出為韻。則誶卒古必同部（脂部）是疊韻也。誶古今音皆屬心紐，卒古今音皆屬精紐，精心旁紐雙聲也。

叢從取聲。叢、徂紅切，今音在東部，讀洪音。取七庾切，今音在虞部，讀細音。韻不同矣。然《詩．角弓》取與駒、後、饇為韻，《楚詞．天問》取與厚為韻。諏從取聲，《詩．皇皇者華》與駒、濡、驅為韻。《說文》「叢聚也。」《廣雅．釋詁三》「叢聚也。」聚亦取聲也。《孟子．離婁上》「為叢驅爵者。」《晉書．段灼傳》作「為藪驅雀者。」《左傳．昭七年傳》引武王告諸侯藪與主為韻（《詩．卷阿》厚主為韻）。則叢取古必同部（候部），是疊韻也。叢古今音皆屬從紐，取古今音皆屬清紐，清從旁紐雙聲也。

鼛從咎聲。鼛，古勞切，今音在豪部，讀洪音。咎，其久切，今音在有部，讀細音。韻不同矣。然《詩．小旻》咎與猶、遒為韻，《鼓鐘》鼛與洲、妯、猶為韻。《說文》「鼛大鼓也。」《周禮．鼓人》作皋。《詩．鼓鐘傳》「鼛大鼓也。」疏曰：「鼛即皋也。」《書序．皋陶釋文》「本又作咎。」則鼛咎古必同部（幽部），是疊韻也。鼛古今音皆屬見紐，咎今音在羣紐，於古歸溪紐，見溪旁紐雙聲也。

榛從秦聲。榛，側詵切，今音在臻部，讀洪音。秦，匠鄰切，今音在真部，讀細音。韻不同矣。然蓁從秦聲，《詩．桃夭》與人為韻。溱亦從秦聲，《褰裳》與人為韻。臻亦從秦聲，《雲漢》與天、人為韻。而《鳲鳩》榛與人、人、年為韻，《青蠅》榛與人為韻。則榛秦古必同部（真部），是疊韻也。榛今音在莊紐，於古為精，秦古今音皆屬從紐，精從旁紐雙聲也。

橐從石聲。橐、他各切，今音在鐸部，讀洪音。石、常隻切，今音在昔部，讀細音。韻不同矣。然《詩．鶴鳴》石與蘀、錯為韻。碩從石聲，《楚茨》與錯、炙、莫、庶、客、踖、度、獲、格、作為韻。客格並從各聲，閣亦從各聲，《斯干》閣與橐為韻。則橐石古必同部（魚部），是疊韻也。橐古今音皆屬透紐，石今音在禪紐，於古歸定，透定旁紐雙聲也。

賄從有聲。賄、呼罪切，今音在賄部，讀洪音。又、于救切，今音在宥部，讀細音。韻不同矣。然《詩．賓之初筵》又與能、時為韻，《魚麗》三章，有與鯉為韻，六章，有與時為韻．鮪從有聲，《潛》與鯉、祀、福為韻．《說文》「賄財也．」《詩．氓》「以我賄遷．」傳「賄財也．」《爾疋．釋文》「賄財也．」《大戴禮．公冠篇》祝雍祝成王冠辭，財與來、能為韻．《儀禮聘禮記》「賄在聘於賄」注「古文賄皆作悔．」《詩．生民》悔與時、祀為韻．則賄又古必同部（之部），是疊韻也．賄古今音皆在曉紐，又今音在為紐，於古歸影，影曉旁紐雙聲也．

貧從分聲．貧、符巾切，今音在真部．分、甫文切，今音在文部．韻不同矣．然《詩．北門》貧與門、殷、艱為韻．芬從分聲，《鳧鷖》與亹、熏、欣、艱為韻．雰亦從分聲，《信南山》與雲為韻．《韓奕》雲、門為韻．則貧分古必同部（諄部），是疊韻也．貧今音在奉紐（唐韻切符巾，係類隔切．改音和切，當切旁巾），於古歸並紐，分今音在非紐，於古歸幫，幫並旁紐雙聲也。

邦從手聲。邦、博江切，今音在江部。丰、敷容切，今音在鍾部。韻不同矣。然《詩．丰》丰與巷、送為韻。《說文》「丰艸盛丰丰也。」《詩．湛露》「在彼豐艸」、《生民》「茀厥豐艸」、傳皆曰：「豐茂也。」《小爾疋》「丰豐也。」《詩．丰傳》「丰豐滿也。」《文王有聲》豐與功為韻，《崧高》邦與功為韻。則邦丰古必同部（東部），是疊韻也。邦古今音皆屬幫紐，丰今音在敷紐，於古歸滂，幫滂旁紐雙聲也。

費從弗聲。費、房未切，今音在未部。弗、分勿切，今音在物部。韻不同矣。然《詩．蓼莪》五章，烈、發、害為韻，六章，律、弗、卒為韻。其傳曰：「弗弗，猶發發也。」茀、拂並從弗聲，《皇矣》與仡、肆、忽為韻（《論語．微子篇》八士達、括、突、忽為韻。《詩．生民》月、達、害為韻）。《生民》「茀厥豐艸」、《釋文》引《韓詩》「拂即弗也。」《易・頤卦》「拂經於丘頤」、《釋文》「拂《子夏傳》作弗。」《禮記・中庸・釋文》「費本作拂。」《左傳・莊八年傳》「徒人費」，《史記・齊世家》作「履者茀。」《竹書紀年》「晉繆侯名費生。」《世》本作「弗生。」則費弗古必同部（脂部），是疊韻也。費今音在奉紐，弗今音在非紐，非奉旁紐雙聲，非於古歸幫，奉於古歸並，幫、並亦旁紐雙聲也。

都從者聲，者從古文旅聲。都，當孤切，今音在模部，讀洪音。旅，力舉切，今音在語部，讀細音。韻不同矣。然《詩・山有扶蘇》都與蘇、華、且為韻。闍從者聲，《出其東門》與茶、荼、且、藘、娛為韻。緒亦從者聲，《殷武》與武、楚、阻為韻（阻從且聲）。則都旅古必同部（魚部），是疊韻也。都古今音皆屬端紐，旅古今音皆屬來紐，端來古旁紐雙聲也。

察從祭聲。察、初八切，今音在黠部，讀洪音。祭、子例切，今音在祭部，讀細音。韻不同矣。然際從祭聲，《易．象上傳．泰卦》際與外、大為韻，《楚辭．少司命》察與帶、逝為韻，（汏從大聲，滯從帶聲，《九章．涉江》汏、滯為韻）。而《廣雅．釋言》「祭際也。」《藝文類聚．禮部上》引《書大傳》「祭之為言察也。」《春秋繁露．祭義》「祭者察也。」則察祭古必同部（祭部），是疊韻也。察今音在初紐，於古歸清，祭古今音皆屬精紐，精清旁紐雙聲也。

定從正聲。定、徒經切，今音在徑部。正、之盛切，今音在勁部。韻不同矣。然政從正聲，《詩．桑扈》與定、生、寧、醒、成、營、成為韻，《文王有聲》正、成為韻。則定正古必同部（耕部），是疊韻也。定古今音同屬定紐，正今音在照紐，於古為端紐，端定旁紐雙聲也。

寵從龍聲，龍從童省聲，童從重省聲，重從東聲．寵、丑壟切，今音在腫部．東、德紅切，今音在東部．韻不同矣。然《易．象上傳．師卦》寵與凶、邦、功為韻，《詩．閟宮》東與蒙、邦、同、從、功為韻。則寵東古必同部（東部），是疊韻也。寵今音在徹紐，於古歸透紐，東古今音皆屬端紐，端透旁紐雙聲也。

嵬從鬼聲．嵬、五灰切，今音在灰部，讀洪音．鬼、居緯切，今音在尾部，讀細音．韻不同矣．然《詩．卷耳》嵬與隤、罍、懷為韻．瑰從鬼聲，《左傳．成十七年傳》子叔嬰齊歌，瑰與歸、懷為韻．《說文》鬼下曰：「人所歸為鬼．」《爾疋．釋訓》「鬼之為言歸也．」《漢書．楊王孫傳》、又《說苑．反質》，亦皆曰：「鬼之為言歸也．」則嵬鬼古必同部（脂部），是疊韻也．嵬古今音皆屬疑紐，鬼古今音皆屬見紐，見疑旁紐雙聲也．

　廢從發聲，發從癹聲。廢、方肺切，今音在廢部，讀細音。癹、普活切，今音在末部，讀洪音。韻不同矣。然《易．繫辭．下傳》「其道甚大」二句大、發為韻，《象上傳》發、大、害為韻。《說文》「癹、以足蹋夷艸。从癶从殳。」从癶、殳會意，亦兼癶聲。癶下曰：「讀若撥。」撥固從發聲，發從癹聲也。《詩．蕩》撥與揭、害、世為韻。則廢癹古必同部（祭部），是疊韻也。廢今音在非紐，於古歸幫紐，癹古今音皆屬滂紐，幫滂旁紐雙聲也。

　厝從昔聲。厝、蒼各切，今音在鐸部，讀洪音。昔、思積切，今音在昔部，讀細音。韻不同矣。然《詩．那》昔與斁、奕、客、懌、作、夕、恪為韻。踖、錯並從昔聲，《楚茨》與碩、炙、莫、庶、客、度、獲、格、作為韻。《易．小過》「无所錯足。」《釋文》「錯亦作厝。」《詩．鶴鳴》「可以為錯。」《說文》作「

可以為厝．」《漢書．地理志下》集注引晉灼「厝古錯字．」則厝昔古必同部（魚部），是疊韻也．厝古今音皆屬清紐，昔古今音皆屬心紐，清心旁紐雙聲也．

馮從仌聲．馮，房戎切，今音在東部，讀洪音．仌、筆陵切，今音在蒸部，讀細音．韻不同矣．按《說文》「仌凍也．」「冰水堅也．」經典皆以冰代仌，而仌廢不用．《詩．小旻》、《小宛》冰皆與兢為韻．句中韻《小旻》六章，馮、兢相協，《緜》馮與薨、登、興、勝為韻（《無羊》兢、崩為韻，《閟宮》崩、騰為韻．騰勝並從朕聲）．《山海經》「從極之淵，維冰夷恒都焉．」注「冰夷即馮夷也．即河伯也．」則馮仌古必同部（蒸部），是疊韻也．馮今音在奉紐，於古歸並，

仌古今音皆屬幫紐，幫並旁紐雙聲也．

奢從者聲．奢，式車切，今音在麻部，讀洪音．旅，力舉切，今音在語部，讀細音．韻不

同矣。然《詩．公劉》旅與野、處、語為韻。緒從者聲「，《殷武》與阻、旅、所、楚為韻。《國策．齊策》「闍姝子奢。」《韓詩外傳》作「闍娵子都。」荀子賦亦作「闍娵子奢，莫之媒也。」注「子奢當為子都。」都亦從者聲，《詩．山有扶蘇》都與蘇、華、且為韻（阻從且聲）。又《韓詩外傳》「石奢」《呂覽．高養》作「石渚」。《詩．鳧鷖》渚與處、湑、脯、下為韻。則奢旅古必同部（魚部），是疊韻也。奢今音在審紐，於古歸透紐，旅古今音皆屬來紐，透來旁紐雙聲也。

惄從叔聲，叔從尗聲。惄、奴歷切，今音在錫部，讀細音。尗、式竹切，今音在屋部，讀洪音。韻不同矣。按尗、菽古今字。《說文》「尗豆也。」經典皆作菽。《詩．七月》菽與薁為韻。薁從奧聲，《小明》奧與蹙、菽、戚、宿、覆為韻。菽從叔聲，蹙、戚並從尗聲，踧亦從叔聲，《詩》句中韻《小弁》二章踧與鞫、惄相協．《說文》惄下曰：「一曰憂也．」《廣雅．釋詁一》「惄憂也．」《方言一》「惄憂也．自關而西秦晉之閒，或曰惄．」《詩．兔爰》憂、憂與罦、造、覺為韻（《既醉》俶、告為韻．俶從叔聲，造從告聲）．則惄、尗古必同部（幽部），是疊韻也．惄古今音皆屬泥紐，尗今音在審紐，於古歸透紐，透泥旁紐雙聲也．

淖從卓聲．淖，奴教切，今音在效部．卓，竹角切，今音在覺部．韻不同矣．按《說文》「卓高也．」《後漢書．祭遵傳》注：「卓高也．」《安帝紀》注：「卓爾高遠之貌也．」《詩．漸漸之石》高與勞、朝為韻．《左傳．莊二十八年傳》「卓子」《史記．晉世家》作「悼子」．《史記．魯周公世家》「里克殺其君奚齊卓子．」《集解》引徐廣「卓亦作悼．」悼亦從卓聲，《詩．氓》與勞、朝、笑為韻．《史記．齊太公世家》「里克殺奚齊淖子．」《集解》引徐廣「《史記》卓多作淖。」則淖卓古必同部（宵部），是疊韻也。淖古今音皆屬泥紐，卓今音在知紐，於古歸端紐，端泥旁紐雙聲也。

臺從之聲（按《說文》大徐「從至、從之、從高省。」臺從至、高會意，於之意無取。且至、之為重贅。段氏謂「從至，從高省，之聲」為是）。臺，徒哀切，今音在咍部，讀洪音。之，止而切，今音在之部，讀細音。韻不同矣。然《詩．南山有臺》臺與萊、基、期為韻，《小戎》之與期為韻。則臺之古必同部（之部），是疊韻也。臺古今音同屬定紐，之今音在照紐，於古歸端。端定旁紐雙聲也。

闋從癸聲。闋，傾雪切，今音在屑部。癸，居誄切，今音在旨部。韻不同矣。然《詩．節南山》闋與惠、戾、屆為韻。《說文》「癸冬時水土平，可揆度也。」《廣雅．釋言》「癸揆也。」《史記．律書》「癸之為言揆也。」又《說文》「揆葵也。」《詩．采菽》葵與維、膍、戾為韻。則闋癸古必同部（脂部），是疊韻也．闋古今音皆屬溪紐，癸古今音皆屬見紐，見溪旁紐雙聲也。

撮從最聲。撮，倉括切，今音在末部。最，祖外切，今音在泰部。韻不同矣。然《詩．都人士》撮與髮、說為韻。《莊子．秋水》「鴟鵂夜撮。」《釋文》「撮崔本作最。」則撮最古必同部（祭部），是疊韻也。撮古今音皆屬清紐，最古今音皆屬精紐，精清旁紐雙聲也。

掤從朋聲。掤，筆陵切，今音在蒸部，讀細音。朋、步崩切，今音在登部，讀洪音。韻不同矣。然《詩．太叔于田》掤與弓為韻。崩從朋聲，《閟宮》與騰、朋、陵為韻（騰從朕聲，滕亦從朕聲，《閟宮》滕弓為韻）。則掤朋古必同部（蒸部），是疊韻也。掤古今音皆屬幫紐，朋古今音皆屬並紐，幫並旁紐雙聲也。

匹從八，八亦聲。匹、普吉切，今音在質部，讀細音。八、博拔切，今音在黠部，讀洪音。韻不同矣。然《詩．假樂》匹與抑、秩為韻。穴從八聲，《大車》與室、日為韻（秩從失聲，《易．象．小畜》吉、失、室為韻）。則匹八古必同部（至部），是疊韻也。匹古今音皆屬滂紐，八古今音皆屬幫紐，幫滂旁紐雙聲也。

縗從衰聲。縗、倉回切，今音在灰部。衰、穌禾切，今音在戈部（《廣韻》衰作蓑。《集韻》蓑衰同），韻不同矣。按《說文》「衰，衰艸雨衣。」「縗服長六寸，博四寸直心。」經典或作縗，或作衰。《儀禮．喪服．釋文》「縗之言摧也。」《釋名．釋喪服》「三日不生，生者成服曰縗，縗者摧也。言摧傷也。」《後漢書．郭丹傳》注「經之言實也。衰之言摧也。言實摧痛於心也。」《左傳．襄二十三年傳》「墨縗冒經。」《釋文》「縗本作衰。」《孟子．滕文公上》注「齊衰也。」

《音義》「衰或作縗同。」《淮南本經》「衰絰苴杖。」注「衰讀曰崔杼之崔。」《詩．鴛鴦》摧與綏為韻，《雲漢》摧與推、雷、遺、遺、畏為韻．《南山》崔與綏、歸、歸、懷為韻．《論語．微子篇》接與歌，衰與追為韻，《楚辭．九章》衰與嵬為韻（《詩．卷耳》嵬與隤、罍、懷為韻）．則縗衰古必同部（脂部），是疊韻也．縗古今音皆屬清紐，衰古今音皆屬心紐，清心旁紐雙聲也．

䋾從爰聲．䋾、胡管切，今音在緩部，讀洪音．爰、羽元切，今音在元部，讀細音．韻不同矣．按《說文》「緩．䋾或省．」《易．襍卦傳》緩與難為韻．暖從爰聲，《楚辭．天問》暖與寒、言為韻．詩句中韻《凱風》三章第一句爰、寒、泉協韻，《鶴鳴》一章園、爰、檀相協，《緜》原、爰、爰、爰相協，《篤公劉》干、爰相協（《常棣》原、難、歎為韻）．《說文》爰下曰：「籀文以為車轅字。」轅從袁聲，園亦從袁聲。《釋名．釋車》「轅，援也。車之大援也。」《詩．皇矣》「援與羨、岸為韻（岸從干聲）。《史記．六國年表》「義渠來賂繇諸乞援。」《集解》曰「一作爰。」《詩，兔罝》傳「爰爰緩意。」《爾雅．釋訓》「爰爰緩也。」《呂氏春秋》狐援、《漢書．古今人表》作狐爰。師古曰：「即狐咺。」《詩．淇奧》咺與僩、諼為韻。諼亦從爰聲也。則緩爰古必同部（元部），是疊韻也。緩古今音皆屬匣紐。爰今音在為紐，於古歸影紐，影匣旁紐雙聲也。

錯從昔聲。錯、倉各切，今音在鐸部，讀洪音。昔、思積切，今音在昔部。讀細音。韻不同矣。然《詩．楚茨》踖、碩、炙、莫、庶、客、錯、度、獲、格、作為韻，《那》昔與斁、奕、客、懌、作、夕、格為韻。則錯昔古必同部（魚部），是疊韻也。錯古今音皆屬清紐，昔古今音皆屬心紐，清心旁紐雙聲也。

七、一字多音

玤從丰聲。讀若《詩》「瓜瓞菶菶」。一曰「若盒」。是玤有二音也。玖從久聲。讀若芑。或曰若人句脊之句。是玖有三音也。珕從劦聲。徐鉉注曰：「劦亦音麗。故以為聲。」郎計切。劦及劦部恊、協、勰，並胡頰切。是劦有二音也。丨引而上行，讀若囟；引而下行，讀若退。《唐韻》音古本切。是丨有三音也。且囟亦有多音。其緐複甚矣。屮古文以為艸字。讀若徹。而歨從屮聲，徒從歨聲。峕從屮聲，辪從峕聲，古皆異部。是屮有四音也。疋古文以為《大雅》字。亦以為足字。或曰胥字。是疋有三音也。品從四口，讀若戢。又讀若呶。是品有二音也。㐁古文丙。讀若三年導服之導。一曰讀若沾。一曰讀若誓。（弼字從誓聲之㐁）。他念切。是㐁有四音也。龹從八，八亦聲。

讀若頌。一曰讀若非。布還切。是㚘有三音也。臤從臣聲。讀若鏗鏘之鏗。古文以為賢字。是臤有三音也。𧷏讀若臾。一曰若儁。是𧷏有二音也。匈從勻省聲。又讀若玄。是匈有二音也。𠧪讀若書卷之卷。古文以為醜字（小徐作古文以為醜字）。是𠧪有二音也。奭從皕、皕亦聲。讀若郝。史篇名醜。詩六切。是奭有四音也。刉從乞聲，又讀若殪。是刉有二音也。丂古文以為亏字，又以為巧字。是丂有二音也。皀讀若粒（讀若大徐無。小徐逸在食部。證之下文又字及所從之字，讀若粒，當棣皀下）。又讀若香。鵖𥻨從粒聲之皀為聲也。鄉卿從香聲之皀為聲也。是皀有二音也。㬎古文以為顯字。或曰讀若唫（濕從唫聲之㬎）。或以為繭字。是㬎有三音也。囧讀若獷。賈侍中說讀與明同。俱永切。是囧有三音也。忣從及聲。讀若蛤。是忣有二音也。褮讀若詩葛藟縈之縈。一曰若靜女其姝之姝．是褎有二音也． 頁頭也．古文䭫首如此．胡結切．一體而曰頭、曰首、曰頁，是頁有三音也．頔從出聲．讀又若骨．是二音也． 夲讀若瓠．又讀若籥．是夲有二音也． 臭古文以為澤字． 唐韻古老切．是臭有二音也． 犾從來聲．讀又若銀．是犾有二音也． 㚖大也．或曰拳勇字．一曰讀若傿．乙獻切．是㚖有三音也． 𤗪從巂聲．讀若畫．又讀若維．是𤗪有三音也． 婐從果聲．讀若媧．或若委．是婐有三音也． 勨從象聲．讀若演．是勨有二音也． 𣎆、郎果切．從其聲者，如嬴、贏、羸、蠃、鸁．又從嬴聲者，如瀛、𦅻、𨭚，同為一類．而嬴、嬴並以成切，皆從𣎆聲，合從嬴聲之籯，又別為一類．是𣎆有二音也．

隋從肉隓省． 隓之篆文作墮，從土隓聲．則隋有隓音．從隓省當作省聲．隋、徒果切．凡從隋及從隋省者，如橢、憜（或作惰，古文作媠）、嫷、鏅、穨、隓、鰖（籀文隓）等其音同為一類。而隨、旬為切，與隋、譼、豬、髓等別為一類。是隋有二音也。隋有二音，則陸亦當有二音。故隓、髓之音同隨為一類。墮、徒果切，同隓，為別一類也。

耑、多官切。從耑聲者喘、遄、諯、顓、端等，皆在《唐韻》先部。從耑省聲之段，及從段之毈、碫、鍛等，又從遄聲之䆳，皆同一類也。而揣、鍴在紙部，瑞、惴在寘部，是別一類也。而椯、褍皆在果部，是又一類也。是耑有三音也。

幵、古賢切。從幵聲者，趼、訮、豣、研、妍等，同為一類。而趼讀擕，羿、笄、筓、枅別為一類。而刑、郉、鈃、形及從刑聲之荊，與從幵聲之荓、洴、餅、餅、屏、邢、姘、軿等，又為一類。是幵有三音也。

說文無灷字，從灷聲者，朕、栚、倂，及從朕聲之謄、賸、騰、滕、勝、縢等，同一類也。而從⿰亻弃省聲之送，及從朕聲之⿴衣弃，其正文作⿰黹弃，從弃，《唐韻》而隴切，與送別為一類。然《玉篇》⿰黹弃、子徇切，《廣韻》[illegible]、子峻切，則獨為一類。黱、徒耐切，亦獨為一類。是弃有四音也。

難從堇聲。瑾、謹、殣、饉、鄞、廑、僅、覲、墐、勤等，皆從堇聲（《說文》「艱從堇，艮聲。土難治也。」以難釋艱，難有諄部音，又一證也）。皆古諄部音也。而從難省聲者，有歎、漢二字。從歎省聲者有嘆字。從漢省聲者有熯。皆元部音也。又《說文》⿺鬼堇下曰：「難省聲。讀若詩『受福不儺』。」今《詩．桑扈》儺作那。《竹竿》二章儺與左、瑳為韻，《隰桑》一章難與阿、何為韻。則《桑扈》之難，亦當與那為韻。皆歌部音也。是難有三音也。

疾從矢聲。《詩．吉日》四章，矢、兕、醴為韻，

《大東》一章，匕、砥、矢、履、視、涕為韻。《抑》一章，疾、戾為韻，《瞻仰》一章，惠、疾、屆為韻。皆脂部音也。《伯兮》三章日、疾為韻，《雨無正》七章血、疾、室為韻。皆至部音也。是疾有二音也。

母、滿以切。母及從母聲之每、誨、梅、晦、悔、海、晦、敏等，皆之部音也。而從每聲之侮。《詩．正月》二章，與瘉、後、口、口、愈為韻，《行葦》六章侮與句、鍭、樹為韻，是侯部音也。又從每聲之緐，《公劉》二章緐與原、宣、歎、巘、原為韻。元部音也。是母有三音也。

世、舒制切。《詩經》中世字及從世得聲之泄、勩二字，與外、逝、滅、戾、蹶、愒、厲、敗、大、揭、害、撥諸字為韻。皆祭部音也。而枼從世聲，及從枼聲之葉、韘二字，《詩經》與涉、甲、業諸字為韻。盍部音也。是世有二音也。余師仲詹曰：「按金甲文示世二字同形，實為一字。而兼有祭、盇二部之音，故從之得聲之字，或讀入祭，或讀入盇也。小篆乃從而分別之，讀盇韻者作卅，讀祭韻者從卅而曳長之作世。本字既分，而從之得聲者未分，故泄勩在祭部，葉韘在盇部，而皆從世也。」世葉諸字，向為治《說文》者所難解。至此可謂發蒙矣。

囟、息進切。其音近顛。今言小兒囟門，其音猶作息進切。真部音也。重文作脖，宰聲。思從囟聲，之部音也。細、𠈉並從囟聲，同斯氏切，脂部音也。農從囟聲，古文作蕽，奴冬切，侵部音也。𦦝從囟聲，或作䙴。遷從䙴聲，元部音也。㛴從𡿺聲。臣鉉等曰：「𡿺古文囟字」。奴晧切。宵部音也。是囟有六音也。

委（小徐從女，禾聲。大徐從女禾會意）、於詭切。從之得聲者如萎、緌、倭等，《詩．谷風》嵬、萎為韻，《禮記．檀弓》孔子歌，頹、壞、萎為韻，《詩．四牡》騑、騑、倭、遲、懷、歸六字為韻。皆脂部音也。而《禮記．檀弓》成人語，緌與衰為韻。逶之或體作蟡。《詩》之委蛇《楚辭．九歌》之委施，亦即委隨委墮也。皆為歌部音也。是委有二音也。

几說文讀若夐。瓊從夐聲，《楚辭．招魂》瓊與姦、安、軒、山、連、寒、淺、蘭、筵為韻。元從几聲，皆古元部音也。而尟從几聲，許偉切，脂部音也。是几有二音也。

疑從𠤕聲，𠤕古文矢。《詩．大東》一章，匕、砥、矢、履、視、涕為韻。肄從𠤕聲，《谷風》六章，潰、肄、塈為韻，《桑柔》三章，資、疑、維、階為韻，皆古脂部音也。而《甫田》一章，畝、耔、薿、止、士為韻，《生民》四章，匐、嶷、食為韻，《易．象上傳．賁》疑、尤、喜、志為韻。皆古之部音也。是疑有二音也。

八、對轉

喙從彖聲。喙、許穢切，古今音同屬曉紐。彖、通貫切，古今音同屬透紐，紐不同矣。喙今音在廢部，於古為祭部。《詩．緜》八章，拔、兌、駾、喙為韻是也。彖今音在換部，於古為元部。《易．乾卦》「彖曰」、釋文「彖斷也」。《易．彖上傳》劉瓛注「彖者斷也」。《史記．孔子世家序》、《正義》引張氏注：「彖斷也」。以斷釋彖，疊韻為訓也。韻亦各異。是祭、元二部陰陽對轉以為聲也。

菐從廾、廾亦聲。菐、蒲沃切，古今音同屬並紐。廾、居竦切，古今音同屬見紐。紐不同矣。菐在沃部，於古為屋部。僕從菐聲，《詩．正月》三章，祿、僕、祿、屋為韻是也。廾在腫部，於古為東部。《說文》「廾竦手也」。《詩．長發》五章，共、厖、龍、勇、動、竦、總為韻是也。韻亦各異。是屋、東二部陰陽對轉以爲聲也。

舌從干，干亦聲。舌、食列切，今音屬神紐，於古歸定。干、古寒切，古今音同屬見紐。紐不同矣。舌在薛部，於古爲祭部。《詩．大東》七章，舌、揭爲韻，《抑》六章，舌、逝爲韻是也。干在寒部，於古爲元部。《詩．泉水》三章，干、言爲韻，《伐檀》一章，檀、干、漣、廛、貆、餐爲韻是也。韻亦各異。是祭、元二部陰陽對轉以爲聲也。

齅從臭聲。齅、香仲切，古今音同屬曉紐。臭、尺救切，今音屬穿紐，於古歸清。紐不同矣。齅在送部，於古爲侵部。臭在宥部，於古爲幽部。韻亦各異。是幽、侵二部陰陽對轉以爲聲也。

餴從𠦬聲。餴、府文切，今音屬非紐，於古歸幫紐。𠦬、呼骨切，古今音同屬曉紐。紐不同矣。餴在文部，於古爲諄部。《爾雅．釋言》作饙。《詩．泂酌》作餴是也。桒在没部，於古為脂部。《說文》「桒疾也」。以疾釋桒。《詩・瞻仰》一章，惠、疾、屆為韻。桒從卉聲，皆古脂部音是也。韻亦不同。是脂、諄二部陰陽對轉以為聲也。

棓從咅聲。棓、步項切，古今音同屬並紐。咅、天口切，古今音同屬透紐。紐不同矣。棓在講部，於古為東部。《廣韻》𣏒、棒、棓同部是也。音在厚部，於古為侯部。部從音聲，蔀從部聲。《易・豐・初九、六二、九四》皆部、斗、主為韻是也。韻亦各異。是侯、東二部陰陽對轉以為聲也。

巘钀並從獻聲。巘钀同五葛切，古今音同屬疑紐。獻、許建切，古今音同屬曉紐。紐不同矣。巘钀皆在曷部，於古為祭部。獻在願部，於古為元部。韻亦各異。是祭、元二部陰陽對轉以為聲也。

兑從㕣聲。兑、大外切，古今音同屬端紐。㕣、以轉切，今音屬喻紐，於古歸影。紐不同矣。兌在泰部，於古為祭部。《詩・皇矣》三章，拔、兌、對、季、季為韻是也。㕣在獮部，於古為元部。《說文》「㕣山間陷泥也。讀沇州之沇。」沇《漢書》作兖。以間釋㕣，間、兖皆元部音是也。韻亦各異。是祭、元二部陰陽對轉以為聲也。

莧從首聲。莧、胡官切，古今音同屬匣紐。首、莫結切，古今音同屬明紐。紐不同矣。莧在桓部，於古為元部。《說文》莧讀若丸。《詩・殷武》六章，山、丸、遷、虔、梴、閑、安為韻是也。首今音在屑部，於古為祭部。《說文》「首讀若末。」《易・象下傳・咸卦》害、大、末、說為韻是也。韻亦各異。是祭、元二部陰陽對轉以為聲也。

鯀從系聲。鯀、古本切，古今音同屬見紐。系、胡計切，古今音同屬匣紐。紐不同矣。鯀在混部，於古為諄部。糸在齊部，於古為脂部。韻亦各異。是脂、諄二部陰陽對轉以為聲也。

縲從累聲。縲、古頑切，古今音同屬見紐。累、從合切，古今音同屬定紐。紐不同矣。縲在山部，於古為諄部。知者，《詩．敝笱》一章，縲與雲韻是也。累在合部，於古為祭部。知者，《說文》小徐「累從隶省聲，讀若與隶同也。」大徐作「從隶省」。段玉裁作「從隶省。讀若與隶同也。」注曰「隶及也。《石經．公羊》『祖之所遝』、今本作逮。《中庸》『所以逮賤』、《釋文》作遝。此累與隶音義俱同之徵。」隶省聲確否不可必，要讀與隶同可知也。《詩．桑柔》六章，僾、逮為韻。《晨風》三章，棣、檖、醉為韻是也。韻亦各異。是脂、諄二部陰陽對轉以為聲也。

⿰木獻從獻聲。或作櫱，辥聲。或作⿰木㚔，㚔聲。獻、許建切，古今音同屬曉紐。辥、私列切，古今音同屬心紐。夆、他達切，古今音同屬透紐。紐皆不同。獻在願部，於古為元部。巘從獻聲，《詩．公劉》二章，原、緐、宣、歎、巘、原為韻是也。辥在辥部，夆在曷部，於古同在祭部。達從夆聲，《詩．長發》二章，蘖、達與旆、鉞、列、曷、截、伐、桀為韻是也。韻亦各異。是祭、元二部陰陽對轉以為聲也。

　襱從龍聲。或作襩，賣聲。龍、力鍾切，古今音同屬來紐。賣、以六切，今音屬喻紐，於古歸影。紐不同矣。龍在鍾部，於古為東部。《詩．山有扶蘇》二章，松、龍、充、童為韻是也。賣在屋部，於古為侯部。續從賣聲，《詩．小戎》一章，驅、續、轂、馵、玉、曲為韻是也。韻亦各異。是東、侯二部陰陽對轉以為聲也。

　吻從勿聲。或作脗，從肉，昏聲。勿、文弗切，今音屬微紐，於古歸明。昏、呼昆切，古今音同屬曉紐。紐不同矣。勿在物部，於古為脂部。忽從勿聲，《詩．

皇矣》八章，弟、仡、肆、忽、拂為韻是也。昏在魂部，於古為諄部。緡從昏聲，《詩．何彼襛矣》三章，緡、孫為韻是也。韻亦各異。是脂、諄二部陰陽對轉以為聲也。

（補充前條）䭻從桒聲。或作饙，賁聲。或作餴，奔聲。桒、呼骨切，古今音同屬曉紐。賁、奔並博昆切，古今音同屬幫紐。紐不同矣。桒在沒部，於古為脂部。賁、奔同在魂部，於古為諄部。韻亦各異。是脂、諄二部陰陽對轉以為聲也。又按賁、奔二字，本以對轉從卉聲。而桒從卉聲，䭻從桒聲，䭻之重文復以對轉從賁聲奔聲。循環流通。可見對轉之妙用矣。

九、本字與所從聲母不可以聲韻求者

吝從文聲。吝、良刃切，古今音同屬來紐。文、無分切，今音屬微紐，於古歸明。紐不同矣。吝在真部，文在文部。《說文》「吝恨惜也。」以恨釋吝，是文、吝、恨本皆古諄部音也。而吝下引《易》曰「以往吝」，遴下引《易》作「以往遴」。從粦聲之字如鄰、粼等《詩經》與命、人、顛、令諸字為韻，皆古真部音也。真、諄無互通之理，是韻亦不同也。各本於文聲無解。段氏有注曰：「按此字葢從口文會意。凡恨惜者多文之以口。文非聲也。」吝之古文作㖁。從彣。彣䫑也。䫑有彣彰也。論其文，段氏以為會意，說不可信。論其義，則恨惜之意，不必取義於文彣，從口足矣。故小徐曰「恨惜形於言故從口。」是也。謂其兼存會意則可，未可斷其非文聲也。段氏于文下仍存聲字。注又曰：「葢從口文會意」。亦此之為也。意者，吝本在古諄部，引《易》有吝、遴之異者，或因主孟氏易，又兼稱他家，而吝、遴（亦良刃切）雙聲通借歟？

𠷎從曷，又聲。𠷎、曷並直由切，今音屬澄紐，於古歸定。又于救切，今音屬為紐，於古歸影。紐不同矣。𠷎、𠃬同在尤部。又在宥部。𠃬、古文疇，從壽聲。壽及從壽聲之魗、翿等，《詩經》與好、手、缶、道、棗、稻、酒諸字為韻，皆古幽部音也。又及從又聲之友、右等字，《詩經》與能、時、來、子、否、母諸字為韻，皆古之部音也。之、幽無互通之理，是韻亦不同也。段注曰：「其字從口，𠃬聲矣，不當兼從又聲，又在一部（之），非聲也。老部壽，酉部醻，巾部幬，皆從𠃬聲。竹部籌，火部燾，言部譸，邑部[illegible]，皆從壽聲，絕無從𠃬聲之字。可知此正當作𠃬，為壽之省聲。」桂氏引《易》「疇離祉」《釋文》「鄭作古𠃬字。」《列子釋文》「𠃬古疇字。誰也。」由二家之說，則又既非聲，且為衍文也。

葢從盇聲。葢、古太切，古今音同屬見紐。盇、胡臘切，古今音同屬匣紐。紐不同矣。葢在泰部，盇在盇部。《楚辭．湘夫人》葢與裔、澨、逝為韻，古祭部音也。盇為閉口音，古為盇部。祭、盇無互通之理。是韻亦不同也。段氏謂十五部（脂部）與八部（談盇）合韻。於盇下又曰：「《釋言》云：『曷、盇也。』鄭注《論語》云『盇何不也。』盇古音在十五部，故為曷之假借，又為蓋之諧聲。」合韻固不可信，盇、曷為雙聲通訓，亦不足為盇非在盇部之證。且《釋詁》「盇合也。」亦以雙聲為訓。比之段氏曷盇之例，則盇又當在七部（侵緝）矣。然盇下各本從大聲。大徐獨無。大、祭部音也。段氏以盇為十五部音，似亦可信。惟段氏於盇下又曰：「艸部之蓋，從盇會意。訓苫覆之引伸耳。」為合韻乎？為本音乎？為會意乎？段氏亦至糾纏不清，以致前後矛盾如此。意者，盇有祭盇二音歟？

牡從土聲。牡、莫厚切，古今音同屬明紐。土、徒古切，古今音同屬定紐。紐不同矣。牡在厚部，土在姥部。《詩》牡與茂、道、好、掃、簋、舅、咎諸字為韻，古幽部音也。土與處、雨、户、予諸字為韻，古魚部音也。幽、魚無互通之理，是韻亦不同也。各本於土聲無注。段氏曰：「或曰『土當作士。士者夫也。』之韻、尤韻，合韻最近。從士則為會意兼形聲。」土益士之誤，而衍聲字也。牡之從士，猶壯之從士，壻之從士也。孔子「推十合一為士。」《毛傳》「士事也。」管子「莊莊乎何其士也。」凡能任事者為士，畜之牡者每較牝者為健壯能任事。士不必專指人，壻其一端也。從牛者，牛為牲畜之大者，故牝、半、物、件等字皆從牛。舉其大者，則細衆者胥賅焉矣。

鬳從虍聲。鬳，牛建切，古今音同屬疑紐。虍，荒烏切，古今音同屬曉紐。紐不同矣。鬳在願部，虍在模部。獻從鬳聲，巘從獻聲，《詩經．公劉》巘與原、緐、宣、歎、原為韻，古元部音也。從虍聲之字，如虛、盧等，《詩經》與瓜、菹、楚諸字為韻，古魚部音也。

元、魚無互通之理，是韻亦不同也。段氏注曰：「獻尊即犧尊，車轙亦作钀。歌元古通，魚歌古又通。虍聲即魚歌之合也。」不知獻、犧為雙聲通借，轙、钀為歌元二部陰陽對轉以為聲也。然古用韻無對轉旁轉之說，魚歌不可通，魚元之通，更無由也。戴氏侗引唐本作虔省聲（虔從虍文聲。各家咸謂虍文會意，文非聲）。說為可信。蓋後世誤虔為虍，又衍聲字也。

徙從止聲。徙、斯氏切，古今音同屬心紐。止、諸市切，今音屬照紐，於古歸端。紐不同矣。徙在紙部，止在止部。《說文》「徙迻也。」《廣雅．釋天》「徙移也。」《淮南．原道》注：「徙他也。」皆古歌部音也（段氏謂支部非是）。《詩經》止與子、已、士諸字為韻，皆古之部音也。之、歌無互通之理，是韻亦不同也。各本於止聲無說。段注曰：「徙辵止會意者，乍行乍止而竟止，則移其所矣。」聲字蓋衍。

虧從雐聲，雐從虍聲。虧、去偽切，古今音同屬溪紐。雐、虍並荒烏切，古今音同屬曉紐。紐不同矣。虧在支部，雐、虍並在模部。《離騷》虧與離為韻，《天問》虧與加為韻，古歌部音也。雐、虍皆古魚部音也。歌、魚無交通之理，是韻亦不同也。段氏謂歌、魚合韻，至不可信。《易．謙卦》「天道虧盈」，《釋文》「馬本作毀盈。」毀在古脂部，《詩．汝墳》尾、燬、燬、邇為韻是也。意者，虧有多音歟：

股、羖並從殳聲。股、羖並公戶切，古今音同屬見紐。殳、市朱切，今音屬禪紐，於古歸定。紐不同矣。股、羖在姥部，殳在虞部。《詩經》股與羽、野、宇、戶、下、鼠、處為韻，《賓之初筵》羖與語為韻，皆古魚部音也。《伯兮》殳、驅為韻，古侯部音也。魚、侯無交通之理。是韻亦不同也。各本於殳聲無說，一仍闕疑。

巂從冏聲。巂、户圭切，古今音同屬匣紐。冏、女滑切，今音屬娘紐，於古歸泥。紐不同矣。巂在齊部，冏在黠部。從巂聲之字如觿、攜等，《詩經》與支、知、篪、圭諸字為韻，皆古支部音也。《說文》「冏言之訥也。」《檀弓》「其言吶吶然，如不出諸其口。」以訥釋冏，字又作吶。訥、吶並從內聲。《詩經》內與類、懟、對、寐諸字為韻，皆古脂部音也。支、脂無交通之理，是韻亦不同也。各本無說，段氏謂之合韻，似不足為據。闕疑可也。

猌從來聲。猌、魚僅切，古今音同屬疑紐。來、洛哀切，古今音同屬來紐。紐不同矣。猌在震部，來在咍部。《說文》「猌讀又若銀。」憖從猌聲。同魚僅切。《左傳》厥憖，《公羊》作屈銀。銀古真部音也。來古之部音也。之、真無交通之理，是韻亦不同也。鈕樹玉曰：「益聲之轉。」寘從真聲，而讀若資，《唐韻》咍下次真，益並聲之轉。」不知聲之轉者，指韻乎？抑指聲乎？謂真、資雙聲，是矣。然猌、來非雙聲也。指韻乎？則真、脂亦無交通之理，且引為猌、來之例，非其比也。段氏曰：「此從犬來會意，聲字衍，當刪。」《說文》「猌犬張齗怒也。」來為周所受瑞麥來麰。又為行來之來。犬張齗怒，實於來義無取。意者，《說文》既曰：「讀又若銀。」豈謂猌有來音，又有銀音，兼有之真二音歟？段氏謂來非聲，故謂又字衍也。

充從育省聲。充，昌終切，今音屬穿紐，於古歸透。育，余六切，今音屬喻紐，於古歸影。紐不同矣。充在東部，育在屋部，《詩經》充與松、龍、童為韻，古東部音也。《詩經》育與鞠、育、復、腹、覆、毒諸字為韻，古幽部音也。東、幽無交通之理，是韻亦不同也。各本於聲字無說。《說文》「充長也，高也。」小徐於「高也」下注曰：「𠫓在人上也。」意蓋謂形聲兼會意也。段氏謂合韻，說不可信。意者，充從人、育會意。育者，「養子使作善也。」育從𠫓，𠫓者「不順忽出也。《易》曰『𠫓如其來如。』」皆有長、高之義。聲字蓋衍歟？

強從弘聲。𧖟籀文強，從䖵彊聲。強、彊並巨良切，今音屬羣紐，於古歸溪。弘、胡肱切，古今音同屬匣紐。紐不同矣。強、彊在陽部，弘在登部。強蚚也。強弱字經傳皆作彊。彊及從彊聲之疆，《詩經》與良、兄、霜、場、饗、羊、堂、觥為韻，皆古陽部音也。弘從ㄙ聲，ㄙ古文肱。《詩經》肱與蒸、雄、兢、崩、升為韻，古蒸部音也。蒸、陽無交通之理，是韻亦不同也。大、小徐咸曰：「弘與強聲不相近。秦刻石文從口，疑從籀文省。」秦刻石文從口，是非為從籀文省，雖不可知，然由此可知強之從弘，非秦篆。嚴可均謂「《易林》革之渙傷、強、弘協韻。是漢人已讀弘入陽部。」然不必自漢始。強從弘聲，豈在弘字音轉之後所造歟？

辰從厂聲。辰、植鄰切，今音屬禪紐，於古歸定。厂、呼旱切，古今音同屬曉紐。紐不同矣。辰在真部，厂在旱部。辰及從辰聲之振、晨，《詩經》與說、孫、煇、旂、愍、瘠諸字為韻，古諄部音也。厂籀文作厈，從干聲。雁從厂聲，《詩經》干與言、山為韻，雁與旦、泮諸字為韻，皆古元部音也。諄、元無交通之理，是韻亦不同也。大徐曰「厂非聲，疑亦象形。」段氏謂文魂與元寒音轉最近，似不可信。存疑可也。

配從己聲。配、滂佩切，古今音同屬滂紐。己、居擬切，古今音同屬見紐。紐不同矣。配在隊部，於古為脂部。己在止部，於古為之部。之、脂無交通之理，是韻亦不同也。各本皆謂己非聲，當是妃省聲。然則妃亦從己省，將以何說乎？於是段氏改妃從女己。注曰「各本有聲字，今刪。此會意字，以女儷己也。」此為水清而理其源也。存疑。

狄從亦省聲。狄、徒歷切，古今音同屬定紐。亦、羊益切，今音屬喻紐，於古歸影。紐不同矣。狄在錫部，亦在昔部。《詩》狄與剔為韻。愁從狄聲，《楚辭．九章．悲回風》愁與積、擊、策、蹟、適、適、蹟、益為韻，皆古支部音也。弈從亦聲，《詩經》與舄、繹、柏、懌諸字為韻，皆古魚部音也。支、魚無交通之理，是韻亦不同也。段注曰：「按亦當作朿。李陽冰云：『李蒸持朿作亦。』所謂『持朿作亦』者，指迹狄二字言。迹籀文作速，狄之古文籀文亦必作狭。李斯變古籀為篆文，其形已誤，而其聲至今不誤。」按辵部迹，從亦聲。或作蹟，從足，責聲。籀文作速，從朿聲。段氏據重文知為朿聲。而作亦省及朿之作亦者，均係小篆之誤。此說最確。蓋由省改古籀之形而誤也。

弭從耳聲。弭、緜婢切，古今音同屬明紐。耳、而止切，今音屬日紐，於古歸泥。紐不同矣。珥在脂部，耳在止部。珥之或體作⿰王皃，從皃聲。古支部音也。《詩經》耳與否、事、子諸字為韻，古之部音也。之、支無交通之理。是韻亦不同也。按重文每以雙聲之字通借為聲，耳皃雙聲，故通借為聲也。惟珥⿰王皃二字何為正字，何為雙聲通借為聲之字而從正字讀音者，殊不可知。若珥為正字，本在支部，而⿰王皃讀同之，則珥耳同部，無疑義矣。段氏以⿰王皃為正字，支部本音，而珥讀同之。則珥之從耳，不可解矣。是用存疑。

賣從𧵩聲，𧵩，古文睦。睦從坴聲，坴從圥聲，圥從六聲。賣，余六切，今音屬喻紐，於古歸影。六，力竹切，古今音同屬來紐。紐不同矣。賣與睦、坴同在屋部。然從賣聲之讀、蕒、續，《詩經》與束、辱、驅、穀、鼎、玉、曲諸字為韻，皆古侯部音也。而六及從坴之陸，《詩經》與祝、告、燠、復、宿諸字為韻，皆古幽部音也。幽、侯無交通之理，是韻亦不同也。諸家於此咸無異辭。且段氏六書音韻表，誤以古侯部之入，同隸於幽部。而以《小戎》之驅，《楚茨》之奏，《角弓》之附，《桑柔》之垢，本皆侯部本音者，皆誤以為合韻。故段氏於賣之從六，尤不覺有異也。自江有誥致書於段氏，始將侯部音一一從幽部中畫出之。但江氏據《詩經》用韻如此，亦未言賣、六判分侯、幽之故。豈古文睦非六聲歟？抑六有幽侯二音歟？殊不可解。一並存疑。

弛從也聲。或作彇，從虒聲。也、羊者切，今音屬喻紐，於古歸影。虒、息移切，古今音同屬心紐。紐不同矣。也在馮部，虒在支部。從也聲之施、他、池等字，《詩經》與離、河、儀、麻、歌諸字為韻，皆古歌部音也。從虒聲之篪，《詩經》與知、斯、圭、攜諸字為韻，古支部音也。支、歌無交通之理，是韻亦不同也。

各本無說。段氏每以也聲游移於支歌之間，而謂之合韻。亦一誤也。意者，或體褫字，已在歌部字音轉入支部之後所造歟？

輗從兒聲。或作𨋲，從宜聲。兒、汝移切，今音屬日紐，於古歸泥。宜、魚羈切，古今音同屬疑紐。紐不同矣。兒、宜同在支部。惟從兒聲之睨，《左傳．哀十三年》乞糧辭與繠、繫為韻，古支部音也。而《詩經》宜與加、為、左、羅為韻，古歌部音也。支、歌無交通之理，是韻亦不同也。各本無說。意者，或體𨋲已在宜音轉入支部之後所造歟？

鐵從𢧜聲。銕古文鐵，從夷聲。𢧜、直質切，今音屬澄紐，於古歸定。夷、以脂切，今音屬喻紐，於古歸影。紐不同矣。𢧜在質部，夷在脂部。𨘢從𢧜聲，《說文》「讀若詩『威儀秩秩』。」又𢧜下曰：「讀若詩『秩秩大猷』。」今《詩．巧言》亦作秩。《賓之初筵》

秩與抑、怭為韻，《假樂》秩與抑、匹為韻。古至部音也。秩亦直質切。若謂秩、載為雙聲通借字，則載從戠聲，戠從呈聲，呈從𡈼聲。從呈聲𡈼聲之字，如聽、醒等，《詩經》與鳴、聲、生、平、定、寧、成、政、姓諸字為韻，皆古耕部音也。夷及從夷聲之姨、荑，《詩經》與薇、悲、衣、妻、私、脂、蠐、犀諸字為韻，皆古脂部音也。至、耕、脂均無交通之理，是韻亦不同也。各本無說。段氏謂夷蓋弟之譌。弟、特計切，古今音同屬定紐，與載為雙聲。其然乎？然《說文》金部固有銻字在，訓「鎕銻也。」豈銕為銻之古文，誤迻於鐵下歟？

鏦從從從聲。或作⿰金彖，從彖聲。從、慈用切，古今音同屬從紐。彖、通貫切，古今音同屬透紐。紐不同矣。從在用部，彖在換部。從及從從聲之豵、樅，《詩經》與雙、庸、墉、同、功、公、鏞、鐘、廱為韻，古東部音也。《易·乾卦》「彖曰」《釋文》、《彖上傳》劉瓛注皆曰「彖斷也。」以斷釋彖，皆古元部音也。叀、元無交通之理，是韻亦不同也。段氏謂鏦、錄當是各字。引元應曰：「《字詁》曰：『古文錄穳二形，今作穳，同粗乱切。』《字林》云『穳小矛也。』」王筠云「從、彖二聲，不能通轉。此許說挩佚，校者以其在鏦下，自加此注也。」其然乎？

奥從𢍏聲。奥、烏到切，古今音同屬影紐。𢍏、居券切，古今音同屬見紐。紐不同矣。奥在號部，𢍏在線部。奥及從奥聲之燠、薁，《詩經》與六、菽、蹙、戚、宿、覆諸字為韻，皆幽部音也。𢍏說文讀若書卷之卷。卷、𢍏並從釆聲，釆古文辨。卷及從卷聲之鬈、綣，《詩經》與轉、選、環、安、殘、反、諫諸字為韻，皆古元部音也。幽、元無交通之理，是韻亦不同也。大徐曰「𢍏非聲。未詳。」小徐曰「宛深也，故從宷。古審字也。人所居，故從宀，會意。」大徐闕疑，小徐竟改其文為說，然仍於從廾之義無取。段氏謂從雙聲為聲，嚴氏亦謂聲之轉，舉媼、昷、曼、冒從雙聲之字為例。惟影見二紐，不得謂之雙聲。一仍闕疑可也。

十、形聲字重文亦形聲者

（甲）音符同而意符異者

瑱從真聲。䫀、瑱或從耳（瑱以玉充耳也。故或從耳）。　玩從元聲。貦、玩或從貝（古者貨貝而寶龜，亦同玩好之用。故或從貝）。　靈從霝聲。靈、靈或從巫（靈者巫也。巫能以玉事神，故從玉亦從巫作）。　氛從分聲。雰、氛或從雨（雲气與雨一物也。故或從雨）。　岎從分聲。芬、岎或從艸（屮、艸木初生也。古文或以為艸字。故或從艸作）。　菹從沮聲。䔾、菹或從皿（菹、沮也，沮酢菜也。菹沮均須鹽而成味，故或從皿）。　蓐從辱聲。蓐、籀文蓐，從茻（茻眾草也。從茻則艸在其中）。　斄從來聲。𠩺古文斄省（斄從犛省牛。古文省枚牛，聲不變）。　咳從亥聲。孩，古文咳，從子（咳小兒笑也，故從子）。　唾從垂聲。涶、唾或從水（唾口液也。生於口，故從口。其体為液，故或從水）。　哲從折聲。悊、哲或從心（哲智也，故或從心）。　嘯從肅聲。歗、籀文嘯，從欠（欠張口悟氣也。故篆文從口）。　吟從今聲。𩐢、吟或從音。訡、吟或從言（音言皆發於口也）。　起從巳聲。𨑢、古文起（走辵皆行也）。　延從正聲。征、延或從彳（彳亦行也）。　造從告聲。艁、古文從舟（《釋文》「天子造舟」、毛傳同。按艁謂並舟成梁。引申為凡造詣、成就之言，故篆文從辵）。　䶵從虒聲。篪、䶵或從竹（龠樂之竹管也。䶵管樂也。故或從竹）。　訝從牙聲。迓、訝或從辵（訝相迎也。故或從辵）。　僕從菐、菐亦聲。𦣝、古文從臣（臣亦僕也。故古文從臣）。　㱙從丂聲。朽、㱙或從木（《論語》朽木不可雕也）。　膀從旁聲。髈、膀或從骨（骨肉皆體之質也）。　胗從㐱聲。疹、籀文從疒（脣傷為胗，亦病也。故從疒）。　劔從僉聲。劍、劔或從刀（刃刀堅也。從刀則刃在其中矣）。　虧從雐聲。虧、虧或從兮（于、兮皆謂氣也）。　⿰來矣從矣聲。⿰彳矣、⿰來矣或從彳（⿰來矣來也）。故或從彳。彳小步也）。　員從口聲。鼎、籀文從鼎（籀文以鼎為貝也）。故則作⿰鼎刂、員作鼎、實作⿱宀鼎）。

（乙）意符同而音符有省改者

祺從其聲。禥、籀文從基（基從其聲也。古其基亦通用。如《尚書》「丕丕基」，伏生作「丕丕其」）。　瑁從冒，冒亦聲。⿰王目、古文省（大徐作古文省。各本作從目。則係雙聲通叚為聲也。段氏改從冃。意蓋謂冃、冒同音，義亦相近也。三說並通。姑錄存於此）。　⿰王綦從綦聲。璂、⿰王綦或從基（綦基皆其聲也）。　玕從干聲。琕、古文玗（旱從干聲也）。　蓈從郎聲。稂、蓈或從禾（郎從良聲也）。　蘞從僉聲。蘝、蘞或從斂（斂亦僉聲也）。　蘜從𥷚省聲。蓻、蘜或省（𥷚省竹則為蘜、又省米則為蓻）。　菣從臤聲。𦺉或從堅（臤者堅也。故或從堅）。　蔪從斬聲。𧂇、蔪或從槧（槧從斬聲也）。　菹從沮聲。䔾、或從皿。䕅、或從缶（皆且聲也）。　𧄍從橑聲。𧃒、𧄍或從潦（橑潦並從尞聲也）。　蒸從烝聲。𦺈、蒸或從火（烝從丞聲，省火從丞聲也）。　蓬從逢聲。莑、籀文蓬省（逢從夅聲。籀文省辵，從夅聲也）。　嘒從彗聲。嚖、或從心（慧從彗聲也）。　吝從文聲。㖻、古文吝從彣（彣彣彰也。文錯畫也。音同義近）。　𨑡從且聲。𨒪、籀文𨑡（虘亦且聲也）。　述從术聲。𨔅、籀文從秫（秫亦术聲也）。　速從束聲。遬、籀文從欶。𧫷、古文從敕從言（敕從束聲）。　達從羍聲。达、達或從大（羍從大聲）

。邇從爾聲。迩、古文邇（爾從尒聲也）。詩從寺聲。訨、古文詩省（寺從之聲。古文省寸，從之聲也）。謣從雩聲。䛈、謣或從夸（雩從亏聲。夸從夸聲。夸亦從亏聲也）。讋從龖省聲。讋、籀文不省。詾從匈聲。訩、或省。說、詾或從兇（匈兇並從凶聲也）。訴從㡿省聲。𧦝、訴或從朔。愬、訴或從朔心（㡿從屰聲，朔亦屰聲也）。靼從旦聲。䩢古文靼，從亶（亶從旦聲）。鬴從甫聲。釜、鬴或從金，父聲（甫從父，父亦聲）。融從蟲省聲。𩰫、籀文不省。臚從盧聲。膚，籀文臚（或係從肉從盧省聲。或即從肉𠧮聲。盧亦𠧮聲也）。膍從毘聲。肶、膍或從比（毘從比聲）。時從寺聲。旹、古文時，從之日（寺從之聲也）。期從其聲。𣅀、古文從日丌（《說文》丌讀若箕。同其。籀文箕也）。𨽸從𦬅聲。隘、籀文𨽸從𨸏，益聲（𦬅古文嗌。嗌亦益聲也）。

（丙）意符或異或同而音符異者

（子）音符異而於古為同音者

藼從憲聲。蕿、藼或從煖（萱、藼或從宣。見疊韻類）。憲許建切，煖況袁切，同屬曉紐。憲在願部，煖在元部，古音無去，同在元部。是同音也。

䕡從魯聲。蓾、䕡或從鹵。魯鹵並郎古切，來紐，姥部，古音為魚部，是同音也。

莕從杏聲。荇、莕或從行同。杏何梗切，行戶庚切，同屬匣紐。杏在梗部，行在庚部，古音無平上之別，同為陽部。是同音也。

薅從好省聲。茠、薅或從休。好呼皓切，休許尤切，同屬曉紐。好在皓部，休在尤部，韻不同矣。然《詩．卷阿》二章．休與游、酋為韻．猶從酋聲，《斯干》

一章，猶與苞、茂、好為韻。則古音同在幽部。是同音也。

遲從犀聲　迡、遲或從𡰥。見重文疊韻類　。遲、籒文遲。從屖。屖犀同先稽切，心紐，齊部，於古為脂部。是同音也。

逶從委聲。蟡、逶或從虫為。委於詭切，古今音同屬影紐。為薳支切，今音在為紐，於古歸影紐。委（多音字，一在歌部，一在脂部）在紙部，為在支部，古音無平上之別，同為歌部。是同音也。

逭從官聲。𨘑、逭或從雚從兆（逭逃也。從兆者，從逃省也）。官古丸切，雚工奐切，同屬見紐。官在桓部，雚在換部，古音無去，同為元部，是同音也。

迒從亢聲。𨃚、迒或從足更。亢古郎切，更古孟切，同屬見紐。亢在唐部，更在映部，韻不同矣。然《說文》「亢人頸也。」或體作頏。《詩·燕燕》二章，頏將為韻。梗從更聲，《桑柔》三章，梗與將、往、競為韻，則古音同在陽部。是同音也。

謀從某聲。𠰔、古文謀。𧦝、亦古文謀。某、母同莫厚切，明紐，厚部，於古為之部（《詩．十月之交》五章，謀與時、來、矣為韻。涘從矣聲，《葛藟》二章，涘、母、母、有為韻）。是同音也。

謑從奚聲。䚷，謑或從奊。奚胡雞切，奊胡結切，同屬曉紐。奚在齊部，奊在屑部，韻不同矣。然奚從䋣省聲。䋣、古文系字，從厂聲，虒亦從厂聲，篪從虒聲，奊從圭聲。《詩．板》六章，篪、圭、攜為韻。又系之或體作⿱𣪠處，從處，𣪠聲。繫亦從𣪠聲。《楚辭．九章．悲回風》繫與積、策、蹟、狄、適、嘖為韻，皆支部音也。則奚奊古音必同部。是同音也。

鞀從召聲。鞉、鞀或從兆。鼗、鞀或從鼓從兆（磬籀文鞀，從鼓召）。召直照切，兆治小切，今音同屬澄紐，於古歸定。召在笑部，兆在小部，古音無去上，同爲脣部，是同音也。

⿰革冤從冤聲。⿰革宛、⿰革冤或從宛。冤於袁切，宛於阮切，同屬影紐，元部，是同音也。

𩱧從𥻦聲。粖、𩱧或省從末。𥻦末同莫撥切，明紐，末部，於古爲祭部，是同音也。

睅從旱聲。睆、睅或從完。旱乎旰切，完胡官切，同屬匣紐。而旱在旱部，完在桓部，韻不同矣。然旱從干聲，《詩．泉水》三章，干、言爲韻，《斯干》一章，干、山爲韻，《韓奕》六章，完、蠻爲韻。完從元聲，冠從元，元亦聲。《素冠》一章，冠與欒、慱爲韻（《靜女》孌、管爲韻，《東門之池》管、言爲韻）。則旱、完古音同在元部，是同音也。

鷫從肅聲。鷞、司馬相如說從叟聲。肅息逐切，叟穌后切，同屬心紐。肅在屋部，叟在厚部，韻不同矣。

然，繡從肅聲，《詩．揚之水》二章，繡與皓、鵠、憂為韻，《生民》七章，叟與舀（《說文》引詩作舀，今作揄。於義無取）、蹂、浮為韻（《角弓》浮、流、髦、憂為韻）。則肅、叟古音同在幽部，是同音也。

鴇從午聲。䳈、鴇或從包。午博抱切，包布交切，同屬幫紐。午在皓部，包在肴部，韻不同矣。然《詩．大叔于田》三章，鴇與首、手、阜為韻。飽從包聲，《楚茨》六章，飽與首、考為韻。而句中韻《鴇羽》首二章，皆鴇、苞為韻。苞亦包聲也。則午、包古音同在幽部，是同音也。

歾從勿聲。歿、歾或從𠬛。勿文弗切，今音在微紐，於古歸明紐。𠬛古今音同屬明紐。而勿在物部，𠬛在沒部，韻不同矣。然忽，從勿聲，《詩．皇矣》八章，忽與茀、仡、肆、拂為韻。沒從𠬛聲，《詩．漸漸之石》二章，沒與卒、出為韻（《蓼莪》六章，律、弗、卒為韻。第、拂並從弗聲）。則勿、殳古音同在脂部，是同音也。

殂從且聲。殂、古文殂從作。且子余切，作則洛切，同屬精紐。且在魚部，作在鐸部，韻不同矣。然祖從且聲，《詩．鴟鴞》三章，祖（《毛詩》作祖，今本作祖，然同從且聲也）與据、荼、瘏、家為韻。《采薇》一章，作與莫、家、故、居、故為韻。則且、作古音同在魚部，是同音也。

胑從只聲。肢、胑或從支。只諸氏切，支章移切，今音同在照紐，於古歸端。只在紙部，支在支部，古音無平上之別，同為支部，是同音也。

䏶從帥聲。膟、䏶或從率。帥、率皆所律切，今音同屬疏紐，於古歸心紐。而帥在術部，率在質部，韻不同矣。然《詩．采芑》一二三章，皆莅、率為韻。《噫嘻》「率時農夫」，《韓詩》作「帥時農夫」。《采菽

》「亦是率從」、《左傳．襄十年傳》作「亦是帥從」．《大戴記．朝日儀》「率諸侯而朝日東方」、《儀禮．覲禮》注，作「帥諸侯而朝日東方」．帥、率通用，則古音同在脂部，是同音也．

瞭從尞聲．膋、瞭或從勞省聲．尞力照切，勞魯刀切，同屬來紐．而尞在笑部，勞在豪部，韻不同矣．然燎從尞聲，《詩．旱麓》五章，燎、勞為韻，則古音同在宵部，是同音也．

𦔳從員聲．𦓤、𦔳或從芸．員王權切，芸王分切，今音同屬微紐，於古歸明．而員在仙部，芸在文部，韻不同矣．然芸從云聲，云古文雲．《詩．出其東門》一章，門、雲、雲、存、巾、員為韻．而「聊樂我員」、《釋文》「員本作云．」《韓詩》作魂．魂亦云聲也．《烈祖》「景員維何」、亦云字也．則員、芸古音同在諄部，是同音也．

簠從甫聲。匚、古文簠從匚夫。甫方矩切，夫甫無切，今音同屬非紐，於古歸幫紐，甫在麌部，夫在虞部，古音無平上之分，同在魚部，是同音也。

簏從鹿聲。箓、簏或從录。鹿、录同盧谷切。來紐，屋部，於古為侯部，是同音也。

篽從御聲。魰、篽或從又，魚聲。御牛倨切，魚語居切，同在疑紐。御在御部，魚在魚部，古音無去，同為魚部，是同音也。

饙從奔聲。（諄脂對轉字。此處當聲母論）饋、饙或從賁。餴、饙或從奔（賁、奔並從卉聲，亦皆諄脂對轉字也）。饙府文切，今音在非紐，於古歸幫紐。賁彼義切，奔博昆切，同屬幫紐。饙今音在文部（按《廣韻》文部無饙。經典皆作饋，或餴。饙字蓋已久廢。此姑從畧），賁今音在寘部，奔在魂部，韻皆不同矣。然《左傳．僖五年》童謠晨、辰、振、旂、賁、焞、軍、奔為韻，則古音同在諄部，是同音也。

飴從台聲。粦、籀文飴從異省。台與之切，異羊吏切，今音同在喻紐，於古歸影。台在之部，異在志部，古音無去，同為之部，是同音也。

麩從夫聲。麱、麩或從甫。夫甫同音。同前蓋医條。

𩀸從㞷聲。葟、𩀸或從艸皇。說文「𩀸讀若皇。」又「㞷讀若皇。」則㞷皇是同音也（陽部）。

梅從每聲。楳、梅或從某。每眉罪切（《唐韻》切武罪，類隔也。改為音和，當切眉罪），某莫厚切，同屬明紐。而每在賄部，某在厚部，韻不同矣。然《詩·終南》一章，梅與裘、哉為韻。謀從某聲，《泉水》一章，謀與淇、思為韻（《周頌·敬之》之、思、哉、茲為韻）。則每某古音同在之部，是同音也。

樗從雩聲。檴、樗或從蒦。雩羽俱切，今音在為紐，於古歸影。蒦乙虢切，古今音同屬影紐。而雩在虞部，蒦在麥部，韻不同矣。然《詩．七月》六章，瓜、壺、苴、樗、夫為韻，《我行其野》一章，樗、故、居、家為韻。濩從蒦聲，《詩．葛覃》二章，莫、濩、綌、斁為韻（《采薇》一章，作莫、家、故、居、故為韻）。則雩蒦古音在魚部，是同音也。

櫓從魯聲。樐、櫓或從鹵。魯、鹵同音，與前魯、蓾條同。

樹從尌聲。尌、籒文（從木、從手、豆聲）。尌常句切，今音在禪紐，於古歸定。豆徒候切，古今音同屬定紐。而尌在遇部，豆在候部，韻不同矣。然《行葦》六章，句、鍭、樹、侮為韻，《常棣》六章，豆、具、孺為韻（《羔裘》一章，濡、侯、渝為韻，孺、濡並從需聲，鍭從侯聲）。則樹豆古音同在侯部，是同音也。

柄從丙聲。棅、柄或從秉。丙、秉同兵永切，幫紐，梗部，於古為陽部，是同音也。

麓從鹿聲。禁、麓或從彔。鹿、彔同音，同前麓簶條。

旃從丹聲。旜、旃或從亶。丹都寒切，亶多旱切。同同屬端紐。丹在寒部，亶在旱部，古音無平上之別，同爲元部，是同音也。

稑從坴聲。穋、稑或從翏。坴力竹切，翏力救切，同屬來紐。而坴在屋部，翏在宥部，韻不同矣。然陸從坴聲，《詩．考槃》三章，陸、軸、宿、告爲韻。蓼從翏聲，《良耜》糾、趙、蓼、朽、茂爲韻（《清人》軸、陶、抽、好爲韻，《斯干》苞、茂、好、猶爲韻）。則坴、翏古音同屬幽部，是同音也。

杭從亢聲。稉、杭或從更。亢、更同音，見前迒踱條。

宇從于聲。寓籀文從禹。于羽俱切，禹玉矩切，今音同屬爲紐，於古歸影紐。于在虞部，禹在麌部，古音無平上之別，同為魚部，是同音也。

仿從方聲。俩、籀文仿。從丙。方府良切，今音在非紐，於古歸幫。丙兵永切，古今音同屬幫紐。方在陽部，丙在梗部，韻不同矣。然柄從丙聲，〈詩・頍弁〉一章，上、怲、臧為韻，〈大明〉一章，上、王、方為韻。則方丙古音同在陽部，是同音也。

頂從丁聲（𩠐、或從首丁）。顁，籀文從鼎。丁當今切，鼎都挺切，同屬端紐。丁在青部，鼎在迥部，古音同為耕部，是同音也。

髡從兀聲。髨、髡或從元。兀五忽切，元愚袁切，同屬疑紐。兀今音在物部，元在元部，韻不同矣。然〈說文〉兀，讀若敻。瓊從敻聲，〈楚辭・招魂〉瓊與姦、安、軒、山、連、寒、湲、蘭、延為韻。冠從元，元亦聲。〈詩・素冠〉一章，冠、欒、慱為韻。完從元聲，〈韓奕〉六章，完、蠻為韻（慱、摶並從專聲，蘭、爛並從闌聲，《楚辭．橘頌》摶、爛為韻）。則丸、元古音同在元部，是同音也。

麠從畺聲。麖、麠或從京。畺居良切，京舉卿切，同屬見紐。而畺在陽部，京在庚部，韻不同矣。然畺或從彊土作疆，《詩．甫田》四章，梁、京、倉、相、梁、慶、疆為韻，則畺、京古音同在陽部，是同音也。

然從肰聲。難、然或從艸難。然如延切，今音在日紐，於古歸泥。難那干切，古今音同屬日紐。而然在仙部，難在寒部，韻不同矣。然《詩．板》一章，板、癉、然、管、遠、亶、遠、諫為韻。漢從難省聲，《詩．常武》五章，嘽、翰、漢為韻（癉、嘽並從單聲）。則肰、難古音同在元部，是同音也。

烖從𢦏聲。（灾、或從宀火會意）（𤆎古文從才）災籀文從巛。𢦏巛同祖才切，精紐，咍部，於古為之部，是同音也。

漉從鹿聲。淥、漉或從彔。鹿、彔同音。與前簏箓條同。

澣從榦聲。浣、澣或從完。榦胡玩切，完胡管切，同屬匣紐。而榦在翰部，完在桓部，韻不同矣。然《說文》榦讀若浣。則榦完古音同在元部，是同音也。

鱷從畺聲。鯨、鱷或從京。畺、京同音。同前麠麖條。

捦從金聲。㩒、捦或從禁。金居吟切，禁居蔭切，同屬見紐。金在侵部，禁在沁部，古音無去，同為侵部，是同音也。

妘從云聲。𡝤、籀文妘從員（籀文以鼎為貝，故以鼎為員）。云員同音，同前䎙耘條。

姻從因聲。婣、籀文姻從𣶒。因於真切，𣶒烏玄切，同屬影紐。而因在真部，𣶒在先部，韻不同矣。然《詩．蝃蝀》三章，人、姻、信、命為韻。《說文》淵或省作𣶒。《詩．燕燕》四章，淵、身、人為韻。則因、𣶒古音同在真部，是同音也。

甈從臬聲。𤮿、甈或從埶。臬五結切，埶魚祭切，同屬疑紐。而臬在屑部，埶在祭部，韻不同矣。然《越語》范蠡引所聞贏縮以為常節，蔽、察、埶為韻。摯從埶聲。《楚辭．天問》摯、說為韻。《說文》「臬射的也。」《上林賦》「弦矢分，藝殪仆。」文穎曰：「所射準的為藝。」《康誥》曰：「陳時臬事」，《考工記．匠人》作槷，摯從埶聲，或體從蓺作槸（按蓺、藝皆不見於《說文》。蓋種蓺字，六藝字，古概作埶。然蓺通用為形聲偏旁，則古亦未嘗無蓺。又可證蓺從埶聲起，而藝又從蓺聲起也）。則臬、埶古音同在祭部，是同音也。

綼從畁聲。綦、綼或從其。畁渠志切，其渠之切，今音同屬羣紐，於古歸溪。畁在志部，其在之部，古音無去，同在之部，是同音也（按𢍏從廾，𠙴聲。故《左傳．宣十二年傳》「晉人或以黃隊，楚人𢍏之。」今本作惎。杜林以𢍏為麒麟字。麒亦其聲。𠙴、𢍏、其皆古之部音也。綥從廾部之𢍏，非從丌部之畀為聲也。各本誤𠙴為由為甶，誤𢍏為畀，於是併綥而作綥矣。由聲在幽部，甶聲在脂部，幽脂與之斷無交通之理。段氏改正之，極是）。

綫從戔聲。線，古文綫（從糸，泉聲）。戔昨干切，泉疾緣切，同屬從紐。而戔在寒部，泉在元部，韻不同矣。然《易．上經．賁六五》園、戔為韻，《詩．小弁》八章，山、泉、言、垣為韻（《將仲子》三章，園、檀、言為韻）。則戔、泉古音同在元部，是同音也。

絥從伏聲（茯、或從艸）。鞴、絥或從革，葡聲。伏房六切，今音在奉紐，於古歸並。葡平秘切，古今音同屬並紐。伏在屋部，葡在至部，韻不同矣。然《詩．

靈臺》二章，亟、來、囿、伏為韻。備從葡聲，《詩．旱麓》四章，載、備、祀、福為韻（《出車》一章，牧、來、載、棘為韻）。則伏、葡古音同在之部，是同音也。

螾從寅聲。蚓、螾或從引。寅弋真切，引余忍切，今音同在喻紐，於古歸影。寅在真部，引在軫部，古音無平上之別，同在真部，是同音也。

蠁從鄉聲。蚼、司馬相如蠁從向。鄉許良切，向許亮切，同屬曉紐。鄉在陽部，向在漾部，古音無去，同為陽部，是同音也。

蜩從周聲。蚺、蜩或從舟。周、舟同職流切，今音照紐，尤部，於古為端紐，幽部，是同音也。

蠡從𠼟聲。蜾、蠡或從果。𠼟古禾切，果古火切，同屬見紐。𠼟在戈部，果在果部，古音無平上之別，同為歌部，是同音也。

蠠從鼏聲。蠠、鼏或從宓（宓聲也）。鼏彌必切，宓美畢切，同屬明紐，今音同在質部，於古為至部，是同音也。

垠從艮聲。圻、垠或從斤。艮古恨切，斤舉欣切，同屬見紐。而艮在痕部，斤在欣部，韻不同矣。然艱從艮聲，《詩．北門》一章，門、殷、貧、艱為韻。欣從斤聲，《鳧鷖》五章，亹、熏、欣、芬、艱為韻。則艮、斤古音同在諄部，是同音也。

䥏從御聲。鋙、䥏或從吾。御牛據切，吾五乎切，同屬疑紐。而御在御部，吾在模部，韻不同矣。然《詩．黍苗》三章，御、旅、處為韻。語從吾聲，《公劉》三章，野、處、旅、語為韻。則御、吾古音同在魚部，是同音也。

（丑）音符異而於古為疊韻者

祀從巳聲。禩、祀或從異。巳詳里切，今音在邪紐，於古歸心紐。異羊吏切，今音在喻紐，於古歸影紐。紐皆不同。而已在止部，異在至部，古音無上去，同為之部，是疊韻也。

璊從㒼聲。玧、璊或從允。璊莫奔切，古今音同屬明紐。允余準切，今音在喻紐，於古歸影。紐皆不同。而璊在魂部，允在準部，韻亦不同。然《詩．大車》二章，璊與啍、奔為韻。句中韻如《定之方中》二章云、允相協，《車攻》八章，「允矣、君子」矣，子相協，允、君相協，而聞亦與之協（《女曰雞鳴》奔、君為韻）。則璊、允古音同在諄部，是疊韻也（此條疊韻之比，未盡允當，姑充一例）。

藼從憲聲。蕿、藼或從煖，見同音類。萱、藼或從宣。憲許建切，古今音同屬曉紐。宣須緣切，古今音同屬心紐。紐皆不同。而憲在願部，宣在仙部，韻亦不同。然《詩．桑扈》二章，憲、翰為韻，《江漢》四章，宣、輸為韻，則憲、宣古音同在元部，是疊韻也。

喟從胃聲。嘳、喟或從貴。胃云貴切，今音在為紐，於古歸影紐。貴居胃切，古今音同屬見紐。紐皆不同。而同在未部，於古為脂部，是疊韻也。

唐從庚聲。啺、古文唐，從口易。唐古行切，古今音同屬見紐。易與章切，今音在喻紐，於古歸影。紐皆不同。而庚在庚部，易在陽部，韻亦不同。然陽從易聲，又易為陰陽正字，《詩．七月》二章，陽庚筐、行、桑為韻，則庚、易古音同在陽部，是疊韻也。

遲從犀聲。遅、遲或從𡰥。犀先稽切，古今音同屬心紐（《說文》「𡰥古文仁，或從尸。」按仁非聲。𡰥為古文夷字。遅當係從古文夷。《孝經．仲尼居．釋文》「𡰥古文夷字。」《漢書．高帝記上》集注、《地理志上》集注，皆曰：「𡰥古夷字。」《樊噲傳》「與司馬𡰥戰碭東。」注「𡰥讀與夷同。」）。𡰥古文夷，以脂切，今音在喻紐，於古歸影。紐皆不同。而犀在齊部，夷在脂部。韻亦不同。然荑從夷聲，《詩．碩人》二章，荑、脂、蠐、犀、眉為韻，則犀、夷古音同在脂部，是疊韻也。

逎從酉聲。逎、逎或從酋。酉與久切，今音在喻紐，於古歸影。酋自秋切，古今音同屬從紐。紐皆不同。而酉在有部，酋在尤部，古音無平上之別，同為幽部，是疊韻也。

逖從狄聲。逷、古文逖。狄徒歷切，古今音同屬定紐。易羊益切，今音在喻紐，於古歸影。紐皆不同。而狄在錫部，易在昔部，韻亦不同。然《瞻卬》五章，狄與刺為韻，《文王》六章，易與帝為韻（帝、刺並從朿聲）。則狄、易古音同在支部，是疊韻也。

誥從告聲。誥、古文誥（從言肘聲）。告古奧切，古今音同屬見紐。肘陟柳切，今音在知紐，於古歸端紐，紐皆不同。而告在晧部，肘在有部，韻亦不同。然造從告聲，《詩．閔予小子》造、考、孝為韻。《說文》疛下曰：「從疒，肘省聲。」《小雅》曰：「惄焉如擣。」擣《韓詩》作疛。擣從壽聲，《詩．南山有台》栲、杻、壽、茂為韻。栲從考聲。則告、肘古音同在幽部，是疊韻也。

話從昏聲。譮、籀文話。昏古活切，古今音同屬見紐。會戶外切，古今音同屬匣紐。紐皆不同。而昏在末部，會在泰部，韻亦不同。然活從昏聲，《詩．碩人》四章，活與歲、發、揭、蘖、朅為韻，《楚辭．天問》會、殺為韻（殺、閷並從杀聲。《考工記．工人》「為柎而發」四句，發、閷、閷、發為韻）。則昏、會古音同在祭部，是疊韻也。

讕從闌聲。讕、讕或從閒。闌落干切，古今音同屬來紐。閒古閑切，古今音同屬見紐。紐皆不同。而闌在桓部，閒在山部，韻亦不同。然瀾從闌聲，《詩．考槃》一章，澗、寬、言、諼為韻。蘭從闌聲，《楚辭．湘夫人》蘭、言、湲為韻。則闌、閒古音同在元部，是疊韻也。

詬從后聲。詢、詬或從句。后胡口切，古今音同屬匣紐。句九遇切，古今音同屬見紐。紐皆不同。而后在厚部，句在遇部，韻亦不同。然《詩．雍》后、後為韻。笱從句聲，《詩．谷風》三章，笱、後為韻。則后、句古音同在侯部，是疊韻也。

鬻從侃聲。餰、或從食，衍聲。侃空旱切，古今音同屬溪紐。衍以淺切，今音在喻紐，於古歸影紐。紐皆不同。而侃在旱部，衍在獮部，韻亦不同。然侃古亦段為衎（說見疊韻兼旁紐雙聲鬻字下），《詩．南有嘉魚》衎與汕為韻，《易．下經．漸六二》衎與磐為韻。愆從衍聲，《禮．士昏禮》「庶母命女」愆與言、諐為韻

（磐、鞶並從船聲）。又《穀梁・襄二十六年經》「衛侯衎復歸於衛。」《釋文》「衎本作衎。」則侃、衎古音同在元部，是疊韻也。

隸從希聲　隸、籀文隸　肆、篆文隸。希羊至切，今音在喻紐，於古歸影紐。矣、古文矢，式視切，今音在審紐，於古歸透紐。紐皆不同。希在至部，矢在旨部，古音無上去，同為脂部，是疊韻也。

赦從赤聲。赦、赦或從亦。赤昌石切，今音在穿紐，於古歸透紐。亦羊益切，今音在喻紐，於古歸影。紐皆不同。而今音同在昔部，於古為魚部，是疊韻也。

脩從攸聲。卟、脩或從丩。攸以周切，今音在喻紐，於古歸影紐。丩居虯切，古今音同屬見紐。紐皆不同。而今音同在尤部，於古為幽部，是疊韻也。

舊從臼聲。鵂、舊或從鳥，休聲。臼其九切，今音在羣紐，於古歸溪紐。休許尤切，古今音同屬曉紐。紐皆不同。而囪在有部，休在尤部，古音無平上之別，同為幽部，是疊韻也。

鴂從尗聲。鶖、鴂或從秋。尗式竹切，今音在審紐，於古歸透紐。秋七由切，古今音同屬清紐。紐皆不同。而尗在屋部，秋在尤部，韻亦不同。然淑從叔聲，叔從尗聲，《詩．中谷有蓷》二章，淑與脩、歗、歗為韻，《采葛》二章，秋與蕭為韻（歗、蕭並從肅聲）。則尗、秋古音同在幽部，是疊韻也。

鴺從夷聲。鵜、鴺或從弟。夷以脂切，今音在喻紐，於古歸影。弟特計切，古今音同屬定紐。紐皆不同。而夷在脂部，弟在齊部，韻亦不同。然《詩．出車》六章，夷與遲、萋、喈、祁、歸為韻，《陟岵》三章，弟與偕、死為韻（喈偕並從皆聲）。則夷、弟古音同在脂部，是疊韻也。

鵒從谷聲。雓、鵒或從隹從臾。谷古祿切，古今音同屬見紐。臾羊朱切，今音在喻紐，於古歸影紐。紐皆不同。而谷在屋部，臾在虞部，韻亦不同。然《詩．桑柔》十二章，谷與穀、垢為韻，楰從臾聲，《南山有台》五章，楰、枸、耇、後為韻（垢從后聲，《雍》后、後為韻）。裕從谷聲，《角弓》三章，裕、瘉為韻（《正月》二章，瘉、後為韻）。則谷、臾古音同在侯部，是疊韻也。

筋從夗省聲。腱，筋或從肉建。夗於阮切，古今音同屬影紐。建居萬切，古今音同屬見紐。紐皆不同。而夗在阮部，建在願部，古音無上去，同在元部，是疊韻也。

剥從彔聲。⿰卜刀、剥或從卜。彔盧谷切，古今音同屬來紐。卜博木切，古今音同屬幫紐。紐皆不同。而今音同在屋部，於古為侯部，是疊韻也。

⿰皿臽從臽聲。⿱斡皿、⿰皿臽或從斡（大徐⿱斡皿如此作，而注曰

「䍍或從贛。」贛從竷省聲。從旁紐雙聲得聲。贛在古音東部，或體䍍不得用以為聲。篆作盤不誤。蓋從贛為從竷省之誤）。臽户猎切，古今音同屬匣紐。贛苦感切，古今音同屬溪紐。紐皆不同。而臽在陷部。贛在感部，韻亦不同。然《說文》竷下曰：「詩曰：『竷竷鼓我。』」《小雅．伐木》作坎坎。《魏風》「坎坎伐檀。」《魯詩》作欿欿。欿從臽聲。則臽、竷古音同在談部，是疊韻也。

𩞼從象聲。餳、𩞼或從傷省聲。象徐兩切，今音在邪紐，於古歸心紐。傷式羊切，今音在審紐，於古歸透紐。紐皆不同。而象在養部，傷在陽部，古音無平上之別，同在陽部，是疊韻也。

饕從號聲。叨、饕或從口、刀聲（𩟪、籀文饕，從號省）。號乎刀切，古今音同屬匣紐。刀都牢切，古今音同屬端紐。紐皆不同。而今音同在豪部，於古為宵部，是疊韻也。

杶從屯聲。櫄、杶或從熏（杻、古文杶）。屯陟倫切，今音在知紐，於古歸端。熏許云切，古今音同屬曉紐。紐皆不同。而屯在魂部，熏在文部，韻亦不同。然純忳並從屯，《大戴禮．哀公問．五義篇》純、純、循為韻。《楚辭．九章．惜誦》悶、忳為韻。《詩．雲漢》熏與川、焚、聞、遯為韻。則屯、熏古音同在諄部，是疊韻也。

梠從呂聲。梩、梠或從里。呂羊止切，今音在喻紐，於古歸影紐。里良止切，古今音同屬來紐。紐皆不同。而今音同在止部，於古為之部，是疊韻也。

旞從遂聲。[illegible]、旞或從遺。遂徐醉切，今音在邪紐，於古歸心紐。遺以追切，今音在喻紐，於古歸影紐。紐皆不同。而遂在寘部，遺在脂部。古音無去，同為脂部，是疊韻也。

椹從甚聲。糣、籀文糂，從朁。糝、古文糂，從參。甚常枕切，今音在禪紐，於古歸定紐。朁七感切，古今音同屬清紐。參所今切，今音在疏紐，於古歸心（朁、參旁紐雙聲）。紐皆不同。而甚在寢部，朁在感部，參在侵部（甚、參疊韻），韻亦不同。然諶從甚聲，《詩．蕩》一章，諶、終為韻。煁亦從甚聲，《白華》四章，煁、心為韻。僭從朁聲，《抑》九章，僭、心為韻。驂從參聲，《小戎》二章，中、驂為韻（終、螽並從冬聲，忡從中聲，《艸蟲》一章，蟲、螽、忡、降為韻）。則甚、朁、參古音同在侵部，是疊韻也。

𪊺從旨聲。麂、或從几。旨職雉切，今音在照紐，於古歸端紐。几居履切，古今音同屬見紐。紐皆不同。而今音同在旨部，於古為脂部，是疊韻也。

𤢺從壐聲。⿰示豕、𤢺或從豕示（示聲）。壐斯氏切，古今音同屬心紐。示神至切，今音在神紐，於古歸定紐。紐皆不同。而壐在紙部，示在至部，韻亦不同。然壐從爾聲，瀰亦從爾聲，《詩．載驅》二章，濟、瀰、弟為韻。視從示聲，《大東》一章，匕、砥、矢、履、視、涕為韻（涕從弟聲）。則壐、示古音同在脂部，是疊韻也。

爤從蘭聲。燗、爤或從閒。蘭從闌聲，闌閒疊韻。與前讕譋條同。

爟從雚聲。烜、或從亘。雚工奐切，古今音同屬見紐。亘須緣切，古今音同屬心紐。紐皆不同。而雚在換部，亘在仙部，韻亦不同。然觀從雚聲，《詩．溱洧》一二章，渙、蕳、觀、觀、觀、觀為韻。咺從亘聲，《淇奧》一二章，僩、咺、諼為韻（蕳僩並從閒聲）。則雚、亘古音同在元部，是疊韻也。

䞓從巠聲。赬、䞓或從貞。𧹞、䞓或從丁。巠古靈切，古今音同屬見紐。貞陟盈切，今音在知紐，於古歸端紐．丁當經切，古今音同屬端紐（貞、丁雙聲）。紐皆不同．而巠在青部，貞在清部，丁在耕部，韻亦各異．然經從巠聲，《詩．小旻》四章，程、經、聽、爭、成為韻。禎從貞聲，《詩．維清》成、禎為韻。城從成聲，《兔罝》丁、城為韻。則巠、貞、丁古音同在耕部，是疊韻也．

誒從矣聲。記、誒或從已。矣于已切，今音在為紐，於古歸影紐。已詳里切，今音在邪紐，於古歸心紐．紐皆不同，而同在之部，是疊韻也．

愆從衍聲。諐籀文（從言，侃聲）。衍、侃疊韻．同前鬻衍條。

患從吅，吅亦聲。𢝊、古文從關省。吅況袁切，古今音同屬曉紐。關古還切，古今音同屬見紐。紐皆不同．而吅在元部，關在刪部，韻亦不同。然單從吅聲，《詩．公劉》五章，泉、單、原為韻，《岷》二章，垣、闢、漣、瀾、言、言、遷為韻（《小弁》八章，山、泉、言、垣為韻）。則吅、闢古音同在元部，是疊韻也。

惕從易聲。愁、惕或從狄。易、狄疊韻。同前遯逷條。

耼從冄聲。聃、耼或從甘。冄而琰切，今音在日紐，於古歸泥紐。甘古三切，古今音同屬見紐。紐皆不同。而冄在琰部，甘在談部（《詩．巧言》三章，甘、餤為韻。冄字於古韻文無證，權從闌）。於古同在談部，是疊韻也。

聞從門聲。䎽、古文從昏（昏聲）。門莫奔切，古今音同屬明紐。昏呼昆切，古今音同屬曉紐。紐皆不同，而今音同在魂部，於古為諄部。是疊韻也。

搹從鬲聲。扼、搹或從戹。鬲郎激切，古今音同屬來紐。戹於革切，古今音同屬影紐。紐皆不同。而鬲在錫部，戹在麥部，韻亦不同。然鶪從鬲聲，《詩．防有鵲巢》二章，甓、鷊、惕為韻，《韓奕》二章，幭、厄為韻。段玉裁曰：「幭他經作幦，《毛詩》幭厄二字皆屬段借。厄即軶。」軶從厄聲，幦、甓並從辟聲。則鬲、厄古音同在支部，是疊韻也。

㨨從留聲。抽、㨨或從由。𢭏、㨨或從秀。留力求切，古今音同屬來紐。由以周切，今音在喻紐，於古歸影紐。秀息救切，古今音同屬心紐。紐皆不同。而留、由同在尤部，秀在宥部，古音無去，同為幽部，是疊韻也。

縕從盈聲。綎、縕或從呈。盈以成切，今音在喻紐，於古歸影。呈直貞切，今音在澄紐，於古歸定。紐皆不同。而同在清部，於古為耕部，是疊韻也。

縻從麻聲。絼、縻或從多。麻莫霞切，古今音同屬明紐。多得何切，古今音同屬端紐。紐皆不同。而麻在麻部，多在歌部，韻亦不同。然《詩．東門之池》一章，麻、歌為韻，《卷阿》十章，多、馳、歌為韻，則麻、多古音同在歌部，是疊韻也。

鼀從圥，圥亦聲。𪓰、鼀或從酋。圥力竹切，古今音同屬來紐。酋自秋切，古今音同屬從紐。紐皆不同。而圥在屋部，酋在尤部，韻亦不同。然陸從坴聲，坴從圥聲，《詩．考槃》三章，陸、祝、宿、告為韻。圥從六聲，《干旄》三章，祝、六、告為韻。《長發》四章，球、旒、休、絿、柔、優、酋為韻（優從憂聲，皓、鵠並從告聲。《揚之水》皓、繡、鵠、憂為韻）。則圥、酋古音同在幽部，是疊韻也。

地從也聲。墬、籀文地，從阜土，彖聲。也羊者切，今音在喻紐，於古歸影紐。彖式視切，今音在審紐。於古歸透。紐皆不同。而也在馬部，彖在紙部，韻亦不同。然《詩．斯干》九章，地、瓦、儀、議、罹為韻。施從也聲，《丘中有麻》一章，施與麻、嗟、嗟為韻。

池從也聲，《東門之池》一章，池、麻為韻。《說文》「彖讀若弛。」弛亦也聲也。《禮記·孔子閒居》「弛其文德。」注「弛施也。」《釋文》「弛其皇本作施。」則也、彖古音同在歌部，是疊韻也（按重文大徐作從隊。小徐作從阜、土彖聲。皆非也。段氏辨之曰：「彖小徐作彖，非其聲。若大徐作隊，阜部隊音徒玩。其繆尤難糾也。漢人多用墬字，傳寫皆誤少一畫。」其說極是）。

坻從氐聲。汷，坻或從夂（夂聲）。渚、坻或從耆（耆聲）。氐丁禮切，古今音同屬端紐。夂山危切，今音在疏紐，於古歸心紐。耆渠脂切，今音在羣紐，於古歸溪。紐皆不同。而氐在齊部，夂、耆並在脂部，韻亦不同。然《詩·節南山》師、氐、維、毗、迷、師為韻。《說文》「夂行遲曳夂夂也。」以遲、曳釋夂，聲訓也。《詩·長發》三章，違、齊、遲、躋、遲、祇、圍為韻。祇亦從氏聲。《玉篇》曰：「詩曰『雄狐夊夊』」今《詩》作綏。《南山》一章，崔、綏、歸、歸、懷為韻。蓍從耆聲，《泉水》三章，蓍、師為韻（《烝民》八章，齊、歸為韻）。則氐、夊、耆古音同在脂部，是疊韻也。

鈞從勻聲。鋆、古文鈞，從旬。勻羊倫切，今音在喻紐，於古歸影紐。旬詳尊切，今音在邪紐，於古歸心紐。紐皆不同。而同在諄部，於古為真部，是疊韻也。

鐘從童聲。銿、鐘或從甬。童徒紅切，古今音同屬定紐。甬余隴切，今音在喻紐，於古歸影紐。紐皆不同。而童在東部，甬在腫部，韻亦不同。然龍從童省聲，勇從甬聲，《詩．長發》五章，共、厖、龍、勇、動、竦、總為韻。則童、甬古音同在東部，是疊韻也。

（寅）音符異而於古為雙聲通借者　坩陰陽對轉

琨從昆聲。瑻、琨或從貫。昆古渾切，今音在魂部，於古為諄部（《詩．葛藟》三章，漘、昆、昆、聞為韻）。貫古玩切，今音在換部，於古為元部（《詩．猗嗟》三章，貫與孌、婉、選、反、乱為韻）。韻皆不同，而同屬見紐。是為雙聲通借為聲也。

萉從肥聲。䕁、萉或從麻賁（萉枲實也）。故或從麻）。肥符非切，今音在微部，於古為脂部。賁符分切，今音在文部，於古為諄部。韻皆不同。而今音同屬奉紐，於古歸並紐，是為雙聲通段為聲也。又古韻諄脂二部陰陽對轉，肥、賁亦通借對轉也。

跀從月聲。𧿹、跀或從兀。月魚厥切，今音在月部，於古為祭部（《詩．君子于役》二章，月、佸、桀、渴為韻）。兀五忽切，今音在物部，於古為元部（知者《說文》「兀讀若夐。」瓊從夐聲，《楚辭．招魂》瓊與寒、湲、蘭、延為韻。可證）。韻皆不同。而同屬疑紐，是為雙聲通借為聲也。又古韻祭元二部陰陽對轉，月几通借之理，亦對轉也。

舓從易聲。䑛、舓或從也。易羊益切，今音在昔部，於古為支部（《詩．文王》六章，易、帝為韻）。也羊者切，今音在馬部，於古為歌部（池從也聲，《詩．東門之池》一章，池與麻、歌為韻）。韻皆不同。而今音同屬喻紐，於古歸影紐，是雙聲通借為聲也。

訟從公聲。䜈、古文訟（似從言，谷聲）。公古紅切，古今音同在東部（《詩．采蘩》二章，僮、公為韻。《行露》三章，墉、訟、訟、從為韻）。谷古祿切，今音在屋部，於古為侯部（《詩．白駒》四章，谷、束、玉為韻。裕從谷聲，《角弓》三章，裕、瘉為韻）。韻皆不同，而同屬見紐，是為雙聲通借為聲也。又古韻東侯二部，陰陽對轉，公谷通借之理，亦對轉也（按古文訟，疑從容省聲。若松或作㮤，容古文作㝐之例。惟各本未詳其聲，權錄於此）。

訊從卂聲。哂、古文從西。卂息晉切，今音在震部，於古為真部（《詩．墓門》二章，句中韻，訊與顛相協）。西先稽切，今音在齊部，於古為諄部（知者，《禮記．祭儀》西與巡為韻，劉向《九歎》西與紛韻可證）。韻皆不同，而同屬心紐，是為雙聲通借為聲也．

肊從乙聲（段氏從肉乙．謂乙象胸骨之形．說亦可通．惟各本皆作乙聲，茲從衆）。臆、肊或從意。乙於筆切，今音在質部，於古為至部（失從乙聲，《易．小畜》吉、失、室為韻）。意於氏切，今音在志部，於古為之部（《詩．正月》九章．輜、載、意為韻）。韻皆不同，而同屬影紐。是為雙聲通借為聲也。

舞從無聲。翌、古文舞，從羽亡（舛者舞時足相背也．羽者舞飾也）。無武夫切，今音在虞部，於古為魚部（《詩．大叔于田》一章，馬、組、舞、舉、虎、所、女為韻）。亡武方切，古今音同為陽部（《詩．車鄰

〉三章，桑、楊、黃、亡為韻）。韻皆不同。而今音同在微紐，於古歸明。是為雙聲通借為聲也。又古韻魚陽二部，陰陽對轉。無亡通借之理，亦對轉也。古無多作亡。

暱從匿聲。昵、暱或從尼。匿從若聲，以雙聲為聲也，女力切，今音在職部。於古為之部（〈詩．菀柳〉一章，暱與息、極為韻。〈說文〉無慝字，然當是匿聲。〈瞻仰〉三章，慝、忒、背、極、識、織為韻）。尼女夷切，古今音同在脂部（泥從尼聲，〈詩．蓼蕭〉三章，泥與弟、弟、豈為韻）。韻皆不同。而今音同屬娘紐，於古歸泥，是為雙聲通借為聲也。

䵒從日聲。䵑、䵒或從刃。日人質切，今音在質部，於古為至部（〈詩．定之方中〉一章，日、室、栗、漆、瑟為韻）。刃而振切，今音在震部，於古為諄部（忍從刃聲，〈詩．小弁〉六章，先、墐、忍、隕為韻〉

。韻皆不同。而今音同屬日紐，於古歸泥紐，是為雙聲通借為聲也。

⿸疒冄從冄聲。瘕、古文從叚。冄而琰切，今音在琰部，於古為談部（《說文》聃重文作耼，甘聲。《詩．巧言》三章，甘、餤為韻）。叚人善切，今音在獮部，於古為元部（赧從叚聲，《尚書．中候》以然為赧。《說文》「赧面慙色也。」然、慙皆古元部音也）。韻皆不同。而今音同屬日紐，於古歸泥紐，是為雙聲通借為聲也（按瘕下各本云：「古文從皮。」而文實為叚。段氏謂從尸部叚是也。蓋皮聲古音在歌部，歌談既無交通之理，而皮切符羈，亦無聲紐關連之跡，古文⿸疒冄不得用以為聲。況疒部固有疲字在。《說文》「⿸疒冄皮剝也。」又「疲勞也。」則疲非⿸疒冄之重文，瘕疲各字可知也）。

罶從留聲。罶、罶或從婁。留力求切，今音在尤部，於古為幽部（《詩．魚麗》一、二、三章皆留、酒為韻，《苕之華》三章，首、罶、飽為韻）．婁力矦切，古今音同在矦部（《詩．山有樞》一章，樞、揄、婁、驅、愉為韻）．韻皆不同，而同屬來紐，是為雙聲通借為聲也。

鬄從易聲。髢、鬄或從也聲。易、也雙聲。同前舓䑛條。

駕從加聲。𤚽、籀文駕（從牛，各聲）．加古牙切，今音在麻部，於古為歌部（《詩．女曰鷄鳴》二章，加、宜為韻）。各古洛切，今音在鐸部，於古為魚部（客、格並從各聲，《詩．楚茨》二章，踖、碩、炙、莫、庶、客、錯、度、獲、格、作為韻）。韻皆不同。而同屬見紐，是為雙聲通借為聲也。

煙從垔聲。烟、或從因。垔、因均於真切，今音同在真部，而古音垔在諄部（垔從西聲，洒從西聲，《詩．新台》二章，洒、浼、殄為韻，《禮記．祭儀》西與巡為韻．皆諄部音也），因在真部（姻從因聲．《詩．蝃蝀》三章，人、姻、信、命為韻，駰從因聲，《皇皇者華》五章，駰、均、詢為韻）．古韻不同．而同屬影紐，是為雙聲通借為聲也．

鯽從則聲．鯽、鰂或從即．則子德切，今音在德部，於古為之部（《詩．正月》七章，特、克、則、德、力為韻）．即子力切，今音在職部，於古為至部（《詩．東門之墠》二章，栗、室、即為韻，《東方之日》一章，日、室、室、即為韻）．韻皆不同，而同屬精紐，是為雙聲通借為聲也．

閔從文聲．𢘍、古文從思民．文無分切，今音在文部，於古為諄部（《詩．鴟鴞》一章，勤、閔為韻）．民彌鄰切，古今音同為真部（《詩．桑柔》一章，旬、民、填、天、矜為韻）．韻皆不同．而今音同屬微紐，於古歸明，民古今音同屬明紐，是為雙聲通借為聲也．

撫從無聲。𢓜古文從辵。無亡雙聲，兼魚陽對轉，同前舞翌條。

弭從耳聲。𢐦、弭或從兒。耳而止切，今音在止部，於古為之部（《詩．旄丘》四章，子、耳為韻，《抑》十章，否、事、耳、子為韻）。兒汝移切，古今音同在支部（《左氏．哀十三年傳》乞糧辭，粢、繫、𢐦為韻。𢐦從兒聲）。韻皆不同。而今音同屬日紐，於古歸泥，是為雙聲通借為聲也。

緹從是聲。衹、緹或從氏。是、氏皆承旨切，今音同在紙部。而古音是在支部（《詩．小弁》一章，斯、提為韻，《葛屨》二章，提、辟、揥、刺為韻。提從是聲）。氏在歌部（氏從乁聲，《說文》「乁讀若移」。《楚辭．漁父》移、波、釃、為為韻。移從多聲，姼亦多聲，或體姼作𡛜，氏聲，可證）。古韻不同部。而今音同屬禪紐，於古歸定紐，是為雙聲通借為聲也。

蜦從侖聲。蜧、蜦或從戾。侖力迍切，古今音同爲諄部（輪、淪並從侖聲，《詩·伐檀》三章，輪、漘、淪、囷、鶉、飧爲韻）。戾郎計切，今音在霽部，於古爲脂部（《詩·采菽》五章，維、葵、膍、戾爲韻，《雨無正》二章，滅、戾、勩爲韻）。韻皆不同，而同屬來紐，是爲雙聲通借爲聲也。又古韻諄脂二部陰陽對轉，侖戾通借之理，亦對轉也。

（卯）音符異而於古爲旁紐雙聲通借者　對轉附

瓊從夐聲。璚、瓊或從矞。瓗、瓊或從巂。夐朽正切，今音在勁部，於古爲元部（《楚辭·招魂》瓊與姦、安、軒、干、連、寒、湲、蘭、筵爲韻）。矞余律切，今音在術部，於古爲脂部（遹從矞聲，《詩·小旻》一章，威、遹爲韻，《名旻》二章，「潰、潰、回、遹」四字皆韻也）。巂戶圭切，今音在齊部，於古爲支部（觿從巂聲，《詩·芄蘭》一章，支、觿、觿、知爲韻）。韻皆不同。而夐古今音同屬曉紐，喬今音屬喻紐，於古歸影紐，舊古今音同屬匣紐，是旁紐雙聲通借為聲也（按瓊下重文，大徐本尚有琁字。云「或從旋省。」注曰：「今與璿同。」段氏引《文選．陶徵士誄》，李善注引《說文》云「琁亦璿字。」則琁非瓊之重文，當系璿字下）。

玭從比聲。蠙，《夏書》玭從虫賓。比毗二切，今音在志部，於古為脂部（毗從比聲，《詩．節南山》三章，毗與師、氐、維、迷、師為韻）。賓必鄰切，古今音同為真部（《詩．信南山》三章，賓、年為韻）。韻皆不同。而比古今音同屬並紐，賓古今音同屬幫紐，是旁紐雙聲通借為聲也。

遷從䙴聲。拪，古文遷從手西。遷七然切，今音在仙部，於古為元部（《廣雅．釋詁》「䙴遷也。」《詩．岷》二章，遷與垣、關、關、漣、關、言、言為韻）

。西先稽切，今音在齊部，於古為諄部（知者，《禮記．祭儀》西與巡為韻．洒從西聲，《詩．新台》二章，洒與浼、殄為韻可證）。韻皆不同．而卷古今音同屬清紐，西古今音同屬心紐，是旁紐雙聲通借為聲也。

翄從支聲。𦐊、翄或從氏。支章移切，古今音同為支部（《詩．芄蘭》一章，支、觿、觿、知為韻）。氏承旨切，今音在祇部．於古為歌部（氏從乀聲．《說文》「乀讀若移。」《楚辭．漁父》移、波、釃、為為韻。移從多聲，姼從多聲，或體作㛅，氏聲。多、氏疊韻）。韻皆不同。而支今音屬照紐，氏今音屬禪紐，古音照紐歸端紐，禪紐歸定紐，照禪旁紐雙聲，端定亦旁紐雙聲也。

⿱亼仕從仕聲。耜、楊雄說⿱亼仕從㠯。仕鉏里切，今音在止部，於古為之部（《詩．雨無正》六章，仕、殆、使、子、使、支為韻）。㠯即里切，今音亦在止部，而古音在脂部（知者，沵妳並從尔聲，《詩．泉水》二章，沵、濔、弟、沵為韻）．韻皆不同．而仕今音屬牀紐，於古歸從，尔古今音同屬精紐，是旁紐雙聲通借為聲也．

觶從單聲．脤、觶或從辰．觗、《禮經》觶．單都寒切，今音在寒部，於古為元部（《詩．公劉》五章，泉、單、原為韻）．辰植鄰切，今音在真部，於古為諄部（《詩．桑柔》四章，慇、辰、瘽為韻）．氏承旨切，今音在紙部，於古為歌部（說見汥字下）．韻皆不同．而單古今音同屬端紐，辰、氏今音皆為禪紐，於古歸定紐．端定旁紐雙聲，是通借為聲也．又古歌元二部陰陽對轉．單氏通借之理，亦對轉也．

觼從夐聲．鐍、觼或從矞．夐矞旁紐雙聲，同前瓊璚條．

頞從安聲．齃、頞或從鼻曷．安烏寒切，今音在寒部．於古為元部（《詩．皇矣》八章，閑、言、連、安為韻）。曷胡葛切，今音在曷部，於古為祭部（《詩．長發》六章，旆、鉞、烈、曷、蘗、達、截、伐、桀為韻）。韻皆不同。而安古今音同屬影紐，曷古今音同屬匣紐，影匣旁紐雙聲，是通借為聲也。又古韻元祭二部陰陽對轉，安曷通借之理，亦對轉也。

繒從曾聲。縡，籀文繒從宰省（宰省聲也）。曾昨稜切，今音在登部，於古為蒸部（《詩．天保》三章，興、陵、增為韻，《正月》四章，蒸、夢、勝、憎為韻，增、憎並從曾聲）。宰作亥切，今音在海部，於古為之部（《詩．十月之交》四章，仕、宰、史為韻。梓亦從宰省聲，《小弁》三章，梓、止、母、裏、在為韻）。韻皆不同。而曾古今音同屬從紐，宰古今音同屬精紐，精從旁紐雙聲，是通借為聲也。又古韻之蒸二部陰陽對轉，曾宰之通借，亦對轉也。

緁從疌聲。緝，緁或從習。疌疾葉切，今音在葉部，於古為盇部（捷從疌聲，《詩．采薇》四章，《烝民》七章，皆捷、業為韻）。習似入切，古今音同為緝部（習字古韻文無證，待補）。韻皆不同。而疌古今音同屬從紐，習今音屬邪紐，於古歸心紐。從、心旁紐雙聲，是通借為聲也。

蚳從氐聲（𧖧、籀文又蚳從䖵）。⿱⿸辰虫土、古文蚳從⿱辰土（段氏曰「從土者，螘子出之土中也。從辰者，辰聲。」）氐丁禮切，今音在齊部，於古為脂部（《詩．節南山》三章，師、氐、維、毗、迷、師為韻）。辰植鄰切，今音在真部，於古為諄部。振從辰聲，《詩．螽斯》一章，詵、孫、振為韻，《桑柔》四章，慇、辰、痻為韻）。韻皆不同。而氐古今音同屬端紐，辰今音在禪紐，於古歸定。是旁紐雙聲通借為聲也。又古韻諄、脂二部，陰陽對轉。氐、辰之通借，亦對轉也。

蠵從巂聲。瓊、司馬相如說從夐。巂、夐旁紐雙聲，與前瓊瓗條同。

轙從義聲。钀、轙或從金從獻。義羊宜切，今音在寘部，於古為歌部（儀、議並從義聲，《詩．斯干》九章，地、瓦、儀、議、罹為韻）。獻許建切，今音在願部，於古為元部（《詩．瓠葉》二章，燔、獻為韻。巘從獻聲，《公劉》二章，原、繁、宣、歎、巘、原為韻）。韻皆不同。而義今音在喻紐，於古歸影紐，獻古今音同屬曉紐，是旁紐雙聲通借為聲也。又古韻歌元二部，陰陽對轉，義獻通借之理，亦對轉也。

（辰）音符異而於古為疊韻兼旁紐雙聲者

裯從周聲。騆、裯或從馬，壽省聲。周職留切，今音在尤部。𠷎承呪切，今音在宥部。古音無去，同為幽部，是疊韻也。周在照紐，於古歸端紐，壽今音在禪紐，於古歸定紐，端、定旁紐雙聲也。

薻從巢聲。藻、薻或從澡。巢鉏交切，今音在肴部。澡子晧切．今音在晧部．韻不同矣．然《易．下經．旅上九》巢、笑、咷為韻，《詩．泮水》二章．藻、蹻、蹻、昭、笑、教為韻．則巢、澡古音同在宵部．是疊韻也．巢今音在牀紐，於古歸從紐．澡古今音同屬精紐．精、從旁紐雙聲也。

齰從昔聲．齚、齰或從乍。昔思積切，今音在昔部．乍鉏駕切，今音在禡部．韻不同矣．然《詩．那》昔與斁、奕、客、懌、作、夕、恪為韻。柞從乍聲，《載芟》柞、澤為韻（斁、懌、澤並從睪聲）。則昔、乍古音同在魚部。是疊韻也。昔古今音同屬心紐。乍今音在牀紐，於古歸從。從、心旁紐雙聲也。

⿰革爨從爨聲。⿰革贊、⿰革爨或從革贊。爨七亂切，今音在換部。贊則旰切，今音在翰部。韻不同矣。然《說文》「⿰革爨讀若《論語》鑽燧之鑽。」鑽從贊聲，則爨、贊古音同在元部，是疊韻也。爨古今音同屬清紐．贊古今音同屬精紐。精、清旁紐雙聲也。

鬻從侃聲（餰、鬻或從食衍聲。見疊韻類）。飦、或從干聲。鍵、或從建聲。侃空旱切，今音在旱部。干古寒切。今音在寒部。建居萬切，今音在願部。韻皆不同。按《說文》「侃剛直也。」而《論語．先進篇》「冉有子貢，侃侃如也。」疏：「侃侃和樂也。」《鄉黨篇》「與下大夫言侃侃如也。」孔疏：「侃侃和樂貌也。」蓋皆衎之叚借也。《說文》「衎行喜也。」（《唐扶碑》「衎衎闇闇。」《袁良碑》「其飭衎然。」《孫根碑》「衎謇不撓。」侃並作衎）。《詩．南有嘉魚》三章，衎與汕為韻，《易．下經．漸六二》衎與磐為韻，《詩．斯干》一章，干與山為韻。則侃、干古音同在元部。建（無古韻證，權闕）今音在願部，元之去也。古音無去。是侃、干、建皆元部音也。侃古今音同在溪紐，干、建同屬見紐，見、溪旁紐雙聲也。

雉從矢聲。⿰弟隹、古文雉從弟。矢式視切，今音在旨部。弟特計切，今音在薺部。韻不同矣。然涕從弟聲，《詩．大東》一章，匕、砥、矢、履、視、涕為韻。肆從吳聲，古籀重文並從希聲。吳古文矢。希《說文》讀弟。則矢、弟古音同在脂部。是疊韻也。矢今音屬審紐，於古歸透紐，弟古今音同屬定紐，透、定旁紐雙聲也。

雇從戶聲。雽、雇或從雩（⿰雩鳥、籀文從鳥）。戶侯古切，今音在姥部。雩羽俱切，今音在虞部。韻不同矣。然《詩．斯干》二章，戶與祖、堵、處、語為韻。樗從雩聲，《七月》六章，樗與瓜、壺、苴、夫為韻（祖、苴並從且聲）。則戶、雩古音同在魚部。是疊韻也。戶古今音同屬匣紐，雩今音屬為紐，於古歸影紐。影、匣旁紐雙聲也。

鶂從兒聲。鷊、鶂或從鬲。兒汝移切，今音在支部。鬲郎激切，今音在錫部。韻不同矣。然睨從兒聲，《

左傳・哀十三年》「乞糧辭」，睨與橤、繫為韻。《詩・防有鵲巢》鷊與甓、惕為韻（甓從辟聲，惕從易聲，《詩・板》六章，益、易、辟、辟為韻。繫、擊並從毄聲。《易・下經・益上九》益、擊為韻）。則兒、鬲古音同在支部。是疊韻也。兒今音在日紐，於古歸泥紐。鬲古今音同屬來紐。泥、來旁紐雙聲也（按鶃鷊下尚有鵝字。司馬相如說鶃從赤。赤聲古音在魚部。支、魚無交通之理。赤昌石切，今音在穿紐，於古歸透紐。或兒、赤為旁紐雙聲通借為聲與？今司馬相如上林賦「濯鷁牛首」祇作鷁。鵝蓋《凡將篇》所收。益伊昔切，在影紐，昔部，與兒為疊韻，則斯可矣）。

鸇從亶聲。鸇、籀文從廛。亶多旱切，今音在旱部。廛直連切，今音在仙部。韻不同矣。然檀從亶聲，《詩・伐檀》一章，檀、干、漣、廛、貆、餐為韻。則亶、廛古音同在元部，是疊韻也。亶古今音同屬端紐。

廛今音在澄紐，於古歸定紐。端、定旁紐雙聲也。

膌從脊聲。瘠、古文膌，從疒、從朿，朿亦聲。脊資昔切，今音在昔部。朿七賜切，今在寘部。韻不同矣。然《詩．正月》六章，蹐、脊、蜴為韻。帝從朿聲，《文王》六章，帝、易為韻。蜴從易聲。則脊、朿古音同在支部。是疊韻也。脊古今音同屬精紐，朿古今音同屬清紐，精、清旁紐雙聲也。

臇從雋聲。𤐲、臇或從火巽。雋徂沇切，今音在獮部。巽蘇困切，今音在慁部。韻不同矣。然《說文》「臇讀若纂。」纂從算聲，籑亦從算聲，或體作饌，兩相參證，則雋、巽古音同在元部，是疊韻也。雋古今音同屬從紐，巽古今音同屬心紐，從、心旁紐雙聲也。

㓵從咢聲。[illegible]、籀文㓵，從切各。咢五各切，各古落切，今音同在鐸部，於古為魚部，是疊韻也。咢古今音同屬疑紐，各古今音同屬見紐，見、疑旁紐雙聲也。

箑從疌聲。⿱竹妾、箑或從妾。疌疾葉切，妾七疾切，今音同在葉部，於古為盍部，是疊韻也。疌古今音同屬從紐，妾古今音同屬清紐，清、從旁紐雙聲也。

咅從●，●亦聲（各本作「從●，從否，否亦聲。」按《詩．葛覃》否與母為韻，《易．上經．否上九》否、否、喜為韻，《鼎初六》趾、否、子為韻。皆古之部音也。而音古音在侯部。《易．下經．豐初九．六二．九四》皆部、主、斗為韻。部從部聲，部從音聲。之矦無交通之理。則否非聲也。段氏改從●，●亦聲，實為獨到之見）。歆、咅或從豆欠（《說文》「相與語唾而不受也。」或體從欠，欠者口氣也。從豆者聲也）。●知庾切，今音在麌部。豆徒候切，今音在候部，韻不同矣。然主從●，●亦聲，《詩．行葦》七章，主與醹、斗、耇為韻，《常棣》六章，豆與具、孺為韻（醹、孺並從需聲）。則●、豆古音同在矦部。是疊韻也。●

今音在知紐，於古歸端紐，豆古今音同屬定紐，端、定旁紐雙聲也。

餈從次聲。𩟧、餈或從齊（粢、餈或從米，聲未變，從畧）。次七四切，今音在至部。齊徂兮切，今音在齊部。韻不同矣。然茨從次聲，《詩．瞻彼洛矣》一章，茨與師為韻。懠從齊聲，《板》五章，懠與毗、迷、尸、屎、葵、資、師為韻。資亦次聲也。則次、齊古音同在脂部，是疊韻也。次古今音同屬清紐，齊古今音同屬從紐，清、從旁紐雙聲也。

饎從喜聲。𩛿、饎或從配（糦、或從米）。喜虛里切，今音在止部。配與之切，今音在之部。古無平上之別，同為之部，是疊韻也。喜古今音同屬曉紐。配今音在喻紐，於古歸影紐。影、曉旁紐雙聲也。

飽從包聲。𩚓、古文飽從采聲。𩜓，古文飽從卯聲。包布交切，今音在肴部。采古文孚，芳無切，今音在虞部。卯莫飽切，今音在巧部（古音無平上之別，包、卯同在幽部）。韻皆不同。然苞從包聲，〈詩．常武〉五章，苞、流為韻。浮從孚聲，〈角弓〉八章，浮、流、髦、憂為韻。昴從卯聲，〈小星〉二章，昴與裯、猶為韻，〈斯干〉一章，包、茂、好、猶為韻。則包、孚、卯，古音同在幽部，是疊韻也。包古今音同屬幫紐，孚今音在敷紐，於古歸定紐。卯古今音同屬明紐。幫、並、明旁紐雙聲也。

高從冋聲。廎、高或從广，頃聲。冋古文冂，古熒切，今音在青部。頃去營切，今音在清部。韻不同矣。然高從冋聲，〈左傳．襄五年傳〉引逸詩，高與挺、令、定為韻。傾從頃聲，〈晉語〉國人誦，改葬共世子，傾與聽、誠、荆、生，貞為韻（〈詩．節南山〉六章，定、生為韻）。則冋、頃古音同在耕部，是疊韻也。同古今音同屬見紐，頃古今音同屬溪紐，見溪旁紐雙聲也。

𩏠從糕聲（⿰韋要、𩏠或從要。𩏠，收束也。要亦取圜束之意）。揫、𩏠或從秋手（從手，秋聲）。糕側角切，今音在覺部。秋七由切，今音在尤部。韻不同矣。然《說文》「𩏠讀若酋。」《詩．卷阿》二章，酋與游、休為韻，《長發》四章，酋與球、旒、休、球、柔、優為韻，《采葛》二章，蕭、秋為韻，《楚辭．山鬼》蕭、優為韻。則糕、秋古音同在幽部。是疊韻也。糕今音在莊紐，於古歸精紐，秋古今音同屬清紐，精、清旁紐雙聲也。

楮從者聲。柠、楮或從宁。者之也切，今音在馬部。宁直呂切，今音在語部。韻不同矣。然堵從者聲，《詩．斯干》二章，祖、堵、戶、處、語為韻。紵從宁聲，《東門之池》二章，紵、語為韻。則者、宁古音同在魚部，是疊韻也。者今音在照紐，於古歸端紐。宁今音在澄紐，於古歸定紐。端、定旁紐雙聲也。

植從直聲。⿰木置、植或從置。直除力切，今音在職部。置陟吏切，今音在志部。韻不同矣。然《詩．碩鼠》二章，直與麥、德、國、國為韻，《晉語》公子縶引所聞，置、置、德、服為韻。則直、置古音同在之部，是疊韻也。直今音在澄紐，置今音在知紐，知、澄旁紐雙聲也。古音知紐歸端紐，澄紐歸定紐，端、定亦旁紐雙聲也。

𪗉從齊聲。粢、穧或從次。齊、次疊韻兼旁紐雙聲，與前餈饝條同。

氣從气聲。⿱既米、氣或從既（餼、氣或從食）。气去既切，既久未切，今音同屬未部，於古為脂部，是疊韻也。气古今音同屬溪紐，既古今音同屬見紐，見、溪旁紐雙聲也。

⿱𠂔米從𠂔次皆聲。齏、⿱𠂔米或從齊（次齊疊韻兼旁紐雙聲，與前餈饝條同）。𠂔即里切，今音在止部。秭從𠂔聲，濟從齊聲，《詩．載芟》濟、秭、醴、妣、禮為韻．𠂔古今音同屬精紐，與齊（從紐齊部）亦為疊韻（古音脂部）兼旁紐雙聲．

寏從奐聲．院、寏或從阜，完聲．奐呼貫切，今音在換部．完胡官切，今音在桓部．古音無去，同在元部．奐屬曉紐，完屬匣紐，曉、匣旁紐雙聲也．

䍖從包聲．罦、䍖或從孚．包孚疊韻兼旁紐雙聲，同前飽餜條．

愡從悤聲．憽、愡或從松．悤倉紅切，今音在東部．松詳容切，今音在腫部．韻不同矣．然愡從悤聲，松從公聲，《詩．羔羊》三章，縫、總、公為韻．則悤、松古音同在東部，是疊韻也．悤古今音同屬清紐，松今音屬邪紐，於古歸心紐，清、心旁紐雙聲也．

份從分聲．彬，古文從焚省聲．分甫文切，焚符分切，今音同在文部，於古為諄部．是疊韻也．分今音屬非紐，於古歸幫紐。焚今音屬敷紐，於古歸滂。幫、滂旁紐雙聲也。

袗從㐱聲。裖、袗或從辰。㐱之忍切，今音在軫部。辰植鄰切，今音在真部。古音無平上之別，同在真部。是疊韻也。㐱今音屬照紐，辰今音屬禪紐，照、禪旁紐雙聲也。古音照紐歸端紐，禪紐歸定紐，端、定亦旁紐雙聲也。

視從示聲（大徐從見示會意。示意無取。從段氏示聲為是。眎、古文視。從目，示聲）。眂、亦古文視。示神至切，今音在至部。氐丁禮切，今音在薺部。韻不同矣。然砥從氐聲，《詩．大東》一章，匕、砥、矢、履、視、涕為韻。則示、氐古音同在脂部，是疊韻也。示今音屬神紐，於古歸定紐，氐古今音同屬端紐，端、定旁紐雙聲也。

确從角聲。磬、确或從㱿。角古岳切，㱿苦角切，今音同在覺部，於古為矦部。是疊韻也。角古今音同屬見紐，殼古今音同屬溪紐。見、溪旁紐雙聲也。

騧從咼聲。⿰馬⿰冎斤、籀文騧。咼苦媧切，今音在麻部，⿰冎斤古禾切，今音在戈部。韻不同矣。然《說文》「⿰冎斤讀若過。」過從咼聲。則咼、⿰冎斤古音同在歌部，是疊韻也。咼古今音同屬溪紐。⿰冎斤古今音同屬見紐，見、溪旁紐雙聲也。

䇓從須聲。𥩟、或從芻。須相俞切，芻叉愚切，今音同在虞部，於古為侯部。是疊韻也。須古今音同屬心紐。芻今音屬初紐，於古歸清紐，清、心旁紐雙聲也。

愆從衍聲。𡫸、愆或從寒省聲（諐、籀文。見疊韻類）。衍以淺切，今音在獮部。寒胡安切，今音在寒部。韻不同矣。然《士昏禮》庶母命女，衍與言、辇為韻，《楚辭．天問》寒、暖、言為韻。衍、寒古音同在元部，是疊韻也。衍今音屬喻紐，於古歸影紐，寒古今音同屬匣紐，影、匣旁紐雙聲也。

賸從朕聲。凌、賸或從夌。朕直禁切，今音在寑部。夌力膺切，今音在蒸部。韻不同矣。然賸從朕聲，陵從夌聲，《詩・十月之交》三章，騰、崩、陵、懲為韻。則朕、夌古音同在蒸部。是疊韻也。朕今音屬澄紐，於古歸定紐。夌古今音同屬來紐。定、來旁紐雙聲也。

鯾從便聲。鯿、鯾又從扁。便房連切，扁方沔切，今音同在仙部，於古為真部。是疊韻也。便今音屬奉紐，扁在非紐，非、奉旁紐雙聲也。古音非紐歸幫紐，奉紐歸並紐，幫、並亦旁紐雙聲也。

閾從或聲。閾、古文閾，從洫。或于逼切，洫況逼切，今音同在職部，於古為之部。是疊韻也。或今音屬為紐，於古歸影紐，洫古今音同屬曉紐，影、曉旁紐雙聲也。

拓從石聲。摭、拓或從庶。石常隻切，今音在昔部。庶商署切，今音在御部。韻不同矣。然碩從石聲，〈詩．楚茨〉二章，踖、碩、炙、莫、庶、客、錯、度、蒦、格、作為韻。則石、庶古音同在魚部，是疊韻也。石今音在禪紐，於古歸定紐。庶今音在審紐，於古歸透紐。審、禪旁紐雙聲，透、定亦旁紐雙聲也。

　姼從多聲。㛅，姼或從氏。多得和切，今音在歌部。氏承旨切，今音在紙部。韻不同矣。然〈詩．鳧鷖〉二章，沙、宜、多、嘉、為為韻。氏從乁聲，〈說文〉「乁讀若移。」移從多聲，〈楚辭．漁父〉移、波、釃、為為韻。則多、氏古音同在歌部，是疊韻也。多古今音同屬端紐，氏今音在禪紐，於古歸定紐。端、定旁紐雙聲也。

　媧從咼聲。⿰女⿱冎丌，籀文媧。從⿱冎丌。咼⿱冎丌疊韻兼旁紐雙聲，同前騧⿰馬⿱冎丌條。

　柩從久聲。匶、籀文柩。久舉有切，今音在有部。

舊巨救切，今音在宥部，古音無上去，同在幽部。是疊韻也。久古今音同屬見紐，舊今音在羣紐，於古歸溪紐，見、溪旁紐雙聲也。

蠹從橐聲。蜉、蠹或從孚。橐符宵切，今音在宵部。孚芳無切，今音在虞部。韻不同矣。然橐從匋省聲，陶從匋聲，《詩．清人》三章，軸、陶、抽、好為韻。罦從孚聲，《兔爰》二章，罦、造、憂、覺為韻，《緇衣》二章，好、造為韻。則橐、孚古音同在幽部，是疊韻也。橐今音屬奉紐，孚今音屬敷紐，敷、奉旁紐雙聲；古音敷紐歸滂紐，奉紐歸並紐，滂、並亦旁紐雙聲也。

墣從菐聲。圤、墣或從卜。菐蒲沃切，今音在沃部。卜博木切，今音在屋部。韻不同矣。然僕從菐聲，《詩．正月》三章，祿、僕、屋為韻，《小宛》五章，粟、獄、卜、穀為韻，《七月》七章，屋、穀為韻。則菐、卜古音同在侯部，是疊韻也。菐古今音同屬並紐，卜古今音同屬幫紐．幫、並旁紐雙聲也．

勳從熏聲．勛、勳或從員．熏許云切，今音在文部．員王權切，今音在仙部．韻不同矣．然《詩．雲漢》五章，川、焚、熏、聞、遯為韻．聞從門聲，《出其東門》一章，門、雲、存、巾、員為韻．則熏、員古音同在諄部，是疊韻也．熏古今音同屬曉紐，員今音屬為紐，於古歸影紐，影、曉旁紐雙聲也．

鏶從集聲．鍓、鏶或從咠．集秦入切，咠七入切，古今音皆在緝部，是疊韻也．集古今音同屬從紐，咠古今音同屬清紐，清、從旁紐雙聲也．

醻從𠷎聲．酬、醻或從州．𠷎直由切，州職流切，今音同在尤部，於古為幽部，是疊韻也．𠷎今音屬澄紐，於古歸定紐，州今音在照紐，於古歸端紐．端、定旁紐雙聲也．

醵從豦聲．䣰、醵或從巨．豦居御切，今音在御部是古音無上去，同在魚部，是疊韻也。據古今音同屬見紐，巨今音屬羣紐，於古歸溪紐，見、溪旁紐雙聲也。

附說文「讀若」表

說明：

在漢末孫炎發明反切注音之前，許慎著《說文解字》採取「讀若」擬音（間有兼含釋義之意），雖不盡確切，但於聲韻二者頗有講究。

全面研究「讀若」與本字之關係，仍不外下列數種性質：

讀若某字即係本字之異體、異說者；

讀若某字與本字同音符者；

讀若某字即係本字之音符者；

讀若某字之音符即係本字者；

讀若某字與本字音符各異，而證以古韻文，實係同音、或疊韻、或疊韻兼旁紐雙聲者；

讀若某字與本字音符各異，而係取聲於雙聲者；

讀若某字與本字為經傳通段字者；

讀若某字與本字之關係不可以聲韻推求者；讀若某字與本字或其一非形聲字或二者皆非者。

由於《形聲字研究》之部已作較詳細之分析、論證，於此不再重沓列述，以免冗贅。有志於此者，按例為之解析可也。

說文讀若表

⿱毳示　毳聲○讀若舂麥爲⿱毳木之⿱毳木

祘　讀若筭

（自　讀若鼻　皇下注）

瓇　夒聲○讀若柔

⿰王㱿　㱿聲○讀若鬲

珣　旬聲○讀若宣

珛　有聲○讀若畜牧之畜

⿰王𠷎　𠷎聲○讀若淑

玤　丰聲○讀若詩曰瓜瓞奉奉一曰若盒蚌

玖　久聲○讀若芑或曰若人句脊之句

⿰王𦣞　𦣞聲○讀若貽

璡　進聲○讀若津

璁　悤聲○讀若蔥

⿰王號　號聲○讀若鎬

⿰王舝　舝聲○讀若曷

玽　句聲○讀若苟

琟　隹聲○讀若維

瑂　眉聲○讀若眉

⿰王厶 厶聲○讀與私同

⿰王夊 夊聲○讀若沒

瑎 皆聲○讀若諧

𤤲 讀與服同

壻 讀與細同

丨 引而上行讀若囟 引而下行讀若退

屮 讀若徹

莠 秀聲○讀若酉

⿱艹⿰氵毒 毒聲○讀若督

荲 里聲○讀若釐

芨 及聲○讀若急

莙 君聲○讀若威

⿱艹夢 夢聲○讀若萌

藨 麃聲○讀若剽

⿱艹劂 劂聲○讀若芮

蘳 黊聲○讀若墮

蒪 傅聲○讀若傅

芮 內聲○讀若汭

葻 風亦聲 讀若婪

萃 卒聲○讀若瘁

茜 西聲○讀若俠或以為綴

茻 讀與冈同

𠔁 八聲○讀若輟

𠎝 讀與余同

釆 讀若辨

⿰釆余 余聲○讀若塗

牧 攴聲○讀若滔

⿱非牛 非聲○讀若匪

⿰牜鬲 鬲聲○讀若糗糧之糗

⿱臤耳 臤亦聲○讀若賢

噲 會聲○讀若快

⿰口集 集聲○讀若集

噿 率聲○讀若㕡

⿰口㐁 㐁聲○讀與含同

唉 矣聲○讀若埃

唪 奉聲○讀若詩曰瓜瓞菶菶

啻 帝聲○一曰啻諟也讀若鞮

哽 更聲○讀若井級綆

哇 圭聲○讀若醫

𠯑 讀若櫱

咉 央聲○讀若英

嗑 盍聲○讀若甲

哤 尨聲○讀若尨

唬 讀若暠

㕣 讀若沇州之沇

吅 讀若讙

⿱吅殳 讀若禳

⿱吅州 州聲○讀若祝

趫 喬聲○讀若王子蹻

赳 丩聲○讀若鎬

趁 㐱聲○讀若塵

趀　朿聲○讀若資

⿺走臤　臤聲○讀若菣

⿺走蜀　蜀聲○讀若燭

⿺走匠　匠聲○讀若匠

⿺走叡　叡聲○讀若紃

⿺走薊　薊聲○讀若髽結之結

⿺走戴　戴聲○讀若詩威儀秩秩

⿺走有　有聲○讀若又

⿺走烏　烏聲○讀若鄔

⿺走瞿　瞿聲○讀若劬

赹　勻聲○讀若煢

⿺走里　里聲○讀若小兒孩

⿺走睘　睘聲○讀若讙

⿺走異　異聲○讀若敕

赾　斤聲○讀若菫

⿺走夐　夐聲○讀若繘

趉　出聲○讀若無尾之屈

⿺走虔　虔聲○讀若衍

⿺走圭　圭聲○讀若跬同

⿺走虒　虒聲○讀若池

⿺走音　音聲○讀若匐

⿺走樂　樂聲○讀若春秋傳曰輔⿺走樂

⿺走真　真聲○讀若顛

𣥠　讀若撻

癶 讀若撥

辵 讀若春秋公羊傳曰辵階而走

⿺辶羍 羍聲○讀若害

⿺辶𣪘 𣪘聲○讀若九

适 𠯑聲○讀與括同

⿺辶⿰垂馬 ⿰垂馬聲○讀若住

迣 世聲○讀若寘

遏 曷聲○讀若桑蟲之蝎

迀 干聲○讀若干

迊 帀聲○貫侍中說一讀若拾又若郅

逴 卓聲○讀若棹苕之棹

⿰彳夅 夅聲○讀若螽

徲 屖聲○讀若遟

亍 讀若畜

齜 柴省聲○讀若柴

齤 𠔉聲○讀若權

⿰齒列 列聲○讀若剌

⿸屑齒 屑聲○讀若切

齭 所聲○讀若楚

蹶 厥聲○讀若橜亦

跛 皮聲○讀若彼

蹁 扁聲○讀若革或曰偏

⿰足弁 弁聲○讀若逹

𧿳 非聲○讀若匪
趽 方聲○讀與彭同
𤴔 足亦聲○讀若疏
喦 讀與聶同
龢 禾聲○讀與和同
㗊 讀若戢又讀若呶
𦌾 莧聲○讀若讙
𢆉 讀若餁言稍甚也
㐁 讀若三年導服之導一曰讀若沾一曰讀若誓（弼從此）
𠷎 甹聲○讀若馨
諄 𦎫聲○讀若庉
誧 甫聲○讀若逋
信 只聲○讀若餐
諎 昔聲○讀若笮
譸 壽聲○讀若醻
誃 多聲○讀若論語跢予之足
讗 巂聲○讀若畫
詯 自聲○讀若反目相睞
訇 匀省聲○又讀若玄
訬 少聲○讀若毚
讋 讘省聲○傅毅讀若慴
謓 真聲○一曰讀若振
𧦝 臣聲○讀若指

諯　耑聲○讀若專

譙　焦聲○讀若嚼

諽　革聲○讀若戒

該　亥聲○讀若中心滿該

訄　九聲○讀若求

譶　讀若沓

誩　讀若競

辛　讀若愆

丵　讀若浞

菐　八亦聲○讀若頒一曰讀若非

𢍏　釆聲○讀若書卷

⿱𠂊廾　讀若逵

舁　讀若余

鞄　包聲○讀若朴

韗　軍聲○讀若運

靸　及聲○讀若沓

鞃　弘聲○讀若穹

⿰革爨　爨聲○讀若論語鑽燧之鑽

鞥　弇聲○讀若譍

⿰革蚩　蚩聲○讀若騁蜃

鬹　規聲○讀若媯

⿰鬲牛　牛聲○讀若過

鬵　兟聲○讀若岑

丮　讀若戟

⿰才丮　才聲○讀若載

𩗗　讀若踝
䦉　龜聲○讀若三合繩糾
闠　賓省聲○讀若賓

𨴧　讀若縣
爕　讀若溼
欵　柰亦聲○讀若贅
𠬛　讀若沬

𦘒　讀若津
臤　臣聲○讀若鏗鏘之鏗
𤤃　讀若誑

几　讀若殊
𣪗　讀若𦣞一曰若雋
𢻫　也聲○讀與施同
敳　豈聲○讀若豤

敿　喬聲○讀若矯
𢼄　亾聲○讀與撫同
敉　米聲○讀若弭
𢾍　度聲○讀若杜

敂　句聲○讀若扣
鈙　金聲○讀若琴
攺　巳聲○讀若巳
卟　讀與稽同

𠭘　讀若颸
𡕾　讀若畚
瞦　喜聲○讀若禧
睒　炎聲○讀若白蓋謂

之苫相似

䀣　必聲○讀若詩云泌彼泉水

⿰目幵　幵聲○讀若攜手

眓　戉聲○讀若詩曰施罛濊濊

⿰目鳥　鳥聲○讀若雕

⿰目窅　讀若易曰勿卹之卹

睼　是聲○讀若珥瑱之瑱

睩　彔聲○讀若鹿

䀠　讀若拘又若良士瞿瞿

⿺𠃊䀠　讀若書卷之卷

⿱䀠臭　臭亦聲○讀若畜牲之畜

鼾　干聲○讀若汗

齂　隶聲○讀若虺

皕　讀若秘

奭　皕亦聲○讀若郝

翜　夾聲○讀若濇一曰俠也

⿱羽王　王聲○讀若皇

翇　犮聲○讀若紱

⿰方隹　方聲○讀若方

雀　讀與爵同

雁　厂聲○讀若鴈

⿱罒隹　讀若到

奞　讀若睢
萑　讀若和
丫　讀若乖
芇　讀若宀
苜　讀若末
⿱苜火　首亦聲○讀與蔑同
羜　宁聲○讀若煮
⿱敄丰　敄聲○讀若霧
羍　大聲○讀若達
⿰羊兆　兆聲○讀若春秋盟于洮
⿱執羊　執聲○讀若晉
瞿　䀠亦聲○讀若章句之句
矍　讀若詩云穬彼淮夷之穬
雔　讀若醻
鶤　軍聲○讀若運
⿰馬犮　犮聲○讀若撥
敫　讀若龠
𠬪　讀若詩摽有梅
𤔔　讀若亂同
𤔌　讀與隱同
寽　一聲○讀若律
𣦼　讀若殘
㕡　讀若郝
⿰壴又　讀若概
歺　讀若櫱岸之櫱
⿰冎卑　𤰞聲○讀若罷

⿰月易　易聲○讀若易曰夕惕若厲

⿰月幾　幾聲○讀若譏

臑　需聲○讀若襦

⿰月夬　決省聲○讀若決水之決

脙　求聲○讀若休止

脀　丞聲○讀若丞

胅　失聲○讀與跌同

脘　完聲○讀若患舊云脯

膴　無聲○讀若謨

肍　九聲○讀若舊

⿰月員　員聲○讀若遜

臇　雋聲○讀若纂

腏　叕聲○讀若詩曰啜其泣矣

⿰月臽　臽聲○讀若陷

刉　气聲○又讀若殪

魝　讀若鍥

丯　讀若介

⿰角雚　雚聲○又讀若纗

觛　亘聲○讀若讙

⿰角酋　酋聲○讀若鰌

觳　𣪊聲○讀若斛

筡　余聲○讀若絮

筟　孚聲○讀若春秋魯公子彄

籫 贊聲○讀若纂一曰叢　笘 沾聲○讀若錢　算 讀若筭

丌 讀若箕同　近 丌亦聲○讀與記同　𤮺 甘亦聲○讀若函　卤 卤聲○讀若仍

丂 讀若呵　尌 讀若駐　𧖴 蚤聲○讀若戚　𢍜 讀若鐙同

豊 讀與禮同　號 号聲○讀若鎬　虔 文聲○讀若矜　虘 且聲○讀若鄌縣

𧇾 𣪊聲○讀若隔　𧆹 昔省聲○讀若鼏　𧆞 讀若愁　𧇪 讀若迴

皿 讀若猛　盍 有聲○讀若灰一曰若賄　𡕖 夌聲○讀若陵

甹 粤省聲○讀若亭　臒 蒦聲○讀若隺　㧖 刅聲○讀若創　皀 (讀若粒)又讀若香

冟 冖聲○讀若適

䭑 兼聲○讀若風溓溓

⿰飠戹 戹聲○讀若楚人言恚人

亼 讀若集

⿱㱿缶 㱿聲○讀若筩莩同

匋 包省聲○案史篇讀與缶同

⿰缶之 之聲○讀若昜

⿰享夬 讀若拔物為決引也

𦎧 讀若純

𦎫 竹聲○讀若篤

𩫖 讀若庸

畐 讀若伏

⿺夂㱿 㱿聲○讀若庫

麷 豐聲○讀若馮

⿸尸夂 讀若僕

⿱癶夂 讀若范

䑞 生聲○讀若皇

⿺韋焦 𥼶聲○讀若酋

夂 讀若黹

夆 丰聲○讀若縫

⿰木敄 敄聲○讀若髦

楢 酋聲○讀若糗

椆 周聲○讀若丩

棪 炎聲○讀若三年導服之導

⿱予木 予聲○讀若杼

椵 叚聲○讀若貫　杒 乃聲○讀若仍　樗 雩聲○讀若華　橎 番聲○讀若樊

榙 荅聲○讀若遝　栞 讀若刊　㮰 毘聲○讀若薄　模 莫聲○讀若嫫母之嫫

榌 毘聲○讀若枇杷之枇　樀 啻聲○讀若滴

杝 也聲○讀若他　楎 軍聲○讀若渾天之渾　梢 肖聲○讀若驪駕

檷 爾聲○讀若柅　楥 爰聲○讀若指撝　栙 夅聲○讀若鴻　极 及聲○或讀若急

橾 喿聲○讀若藪　楇 咼聲○讀若過　柮 出聲○讀若爾雅貀無前足之貀

森 讀若曾參之參　㞷 讀若皇　𣎵 八聲○讀若輩　甤 豨省聲○讀若綏

稽　咎聲○讀若皓

栞　幵聲○讀若繭

圓　員聲○讀若員

圛　睪聲○讀若驛

𡆥　讀若聶

囮　讀若譌

䞒　云聲○讀若春秋傳曰宋皇鄖

䝰　疋聲○讀若所

賣　𡫳聲○讀若育

𨞇　契聲○讀若薊

𨞧　崩聲○讀若陪

𨛜　夆聲○讀若寧

郇　旬聲○讀若泓

鄦　無聲○讀若許

郋　自聲○讀若奚

鄤　曼聲○讀若蔓

𨟙　鼂聲○讀若讒

鄨　敝聲○讀若鷩雉之鷩

鄅　禹聲○讀若規榘之榘

𨛦　余聲○讀若塗

𨝾　㸒聲○讀若淫

旭　九聲○讀若勖

𨞛　䜌聲○讀若新城䜌中

𨙶　讀若窈窕之窈

⿱日赤 赧省聲○讀與赧同
㬎 讀若唫唫
昕 斤聲○讀若希
㫃 讀若偃
鼆 黽聲○讀若黽蛙之黽
襱 龍聲○讀若聾
囧 讀若獷賈侍中說讀與明同
毌 讀若冠
马 讀若含
卤 讀若調
朿 讀若刺
牑 扁聲○讀若邊
牏 俞聲○讀若俞一曰若紐
⿰禾冀 冀聲○讀若靡
稴 兼聲○讀若風廉之廉
⿰禾耑 耑聲○讀若端
秨 乍聲○讀若昨
秝 讀若歷
⿰米覃 覃聲○讀若鄿
⿱屰甾 屰聲○讀若膞
𣎵 讀若髕
⿸厂𠂢 讀若庚
⿱宀丏 丏聲○讀若周書若藥不眄眩

宄　九聲○讀若軌

㝅　㱿聲○讀若虞書曰㝅三苗之㝅

宋　讀若送

⿱穴皿　皿聲○讀若猛

窕　兆聲○讀若挑

窢　或聲○讀若溝洫之洫

⿸疒麗　麗聲○讀若隸

⿸疒盇　盇聲○讀若脅又讀若掩

⿸疒朮　朮聲○讀若欻

冃　讀若艸苺之苺

㒼　讀若蠻

襾　讀若晋

⿰忄戔　戔聲○讀若末殺之殺

飾　食聲○讀若式

⿰巾盾　盾聲○讀若易屯卦之屯

忣　及聲○讀若蛤

⿰忄夒　夒聲○讀若水溫⿱罒難也

⿰忄敄　敄聲○讀若項

倓　炎聲○讀若談

⿰亻孨　孨聲○讀若汝南孨水

倗　朋聲○讀若陪位

僁 悉聲○讀若屑 俌 甫聲○讀若撫 侸 豆聲○讀若樹 佁 台聲○讀若騃

儡 畾聲○讀若雷 像 象亦聲○讀若養 㐸 讀若欽崟 ⿰亻毒 毒聲○讀若督

裾 居聲○讀與居同 襡 蜀聲○讀若蜀 袢 半聲○讀若普 袾 讀若雕

褮 熒省聲○讀若詩曰葛藟縈之一曰若靜女其姝之姝 ⿰鬲衣 鬲聲○讀若擊

𦒱 讀若樹 毨 先聲○讀若選 ⿰舟刂 讀若几 艐 㚇聲○讀若𦬇

几 讀若夐 兢 丯聲○讀若矜 兂 讀若簪 ⿰麗見 麗聲○讀若池

⿰員見 員聲○讀若運 覝 𡗜聲○讀若鎌 ⿰樊見 樊聲○讀若幡 ⿰氏見 氏聲○讀若迷

⿰卣見 卣聲○讀若攸
⿰彤見 彤聲○讀若郴
覒 毛聲○讀若苗
⿰它見 它聲○讀若馳

⿰巺見 巺聲○讀若兜
⿱雨覞 讀若欷
歂 耑聲○讀若車輇
欻 炎聲○讀若忽

⿰卣欠 卣亦聲○讀若酉
⿰敫欠 噭省聲○讀若叫呼之叫
⿸厂⿰辰欠 辰聲○讀若蜃

歁 甚聲○讀若坎
欿 臽聲○讀若貪
⿰咎欠 咎聲○讀若爾雅曰麔麚短脰

欪 出聲○讀若屮
⿸厂欠 厂聲○讀若移
⿰咼欠 咼聲○讀若楚人名多夥

⿰員頁 員聲○讀若隕
顝 骨聲○讀若魁
⿰㬎頁 㬎聲○讀若昧
⿰枝頁 枝聲○讀若規

⿰出頁 出聲○讀又若骨
⿰翩頁 翩省聲○讀若翩
頛 耒聲○春秋陳夏齧之齧

⿰契頁 契聲○讀若楔

顑 咸聲○讀若戇

龥 龠聲○讀與龠同

脜 讀若柔

鬗 㒼聲○讀若蔓

⿱髟監 監聲○讀若春秋黑肱以濫來奔

鬑 兼聲○讀若慊

⿱髟爾 爾聲○讀若江南謂酢母爲⿱髟爾

⿱髟般 般聲○讀若槃

⿰齒耑 耑聲○讀若捶擊之捶

⿰多卩 多聲○讀若侈

卸 讀若汝南人書寫之寫

勼 九聲○讀若鳩

⿺鬼堇 難省聲○讀若詩受福不儺

⿱鳥山 鳥聲○讀若詩曰蔦與女蘿

嵒 讀若吟

⿱隋山 憜省聲○讀若相推落之墮

⿸虍蠆 蠆聲○讀若厲

广 讀若儼然之儼

𢉼 勞聲○讀若鹵

⿹戉文 閔省聲○讀若環

庳 卑聲○或讀若逋
廞 欽聲○讀若歆
厬 晷聲○讀若軌
厱 僉聲○讀若藍

廙 異聲○讀若枲
𢈔 金聲○讀若紟
𠩵 甫聲○讀若敷
屵 讀若躍

䯞 咼聲○讀若骫
磺 黃聲○讀若穬
磏 兼聲○讀若鎌
嵒 讀與巖同

豕 讀與豨同
豲 原聲○讀若桓
豦 讀若蘮蒘艸之蘮
㣇 讀若弟

彑 讀若罽
𧗿 衛聲○讀若罽
貒 耑聲○讀若湍
隲 陟聲○讀若郅

𩡧 讀若弦一曰若環
馵 讀若注
驔 覃聲○讀若簟
䮔 垂聲○讀若箠

馺 讀若爾雅小山馺大山峘
馽 讀若輒
𢉤 耎聲○讀若偄弱之

偄

𢑚 吾聲○讀若寫

萈 苜聲○讀若丸

狂 主聲○讀若注

默 黑聲○讀若墨

㺌 兼聲○讀若檻

狋 示聲○讀又若銀

獡 舄聲○讀若愬

獳 需聲○讀若槈

狧 讀若比目魚鰈之鰈

倏 攸聲○讀若叔

犻 市聲○讀若孛

猌 來聲○讀又若銀

豰 㱿聲○讀若構

狛 白聲○讀若蘗䍧嚴讀之若淺泊

𪖈 番聲○讀若樊

𪕬 今聲○讀若含

炪 出聲○讀若巧拙之拙

焛 㒺省聲○讀若粦

𤌰 雁聲○讀若鴈

熛 票聲○讀若摽

𤉷 差省聲○讀若齹

燩 教省聲○讀若狡

烓 圭聲○讀若回

𪚱 讀若焦

炮 皀聲○讀若馰顙之

駒

⿱巛面　面聲○讀若桑葚之葚

鶍　易聲○讀若煬

黚　甘聲○讀若染繒中東緅黚

⿰黑冤　冤聲○讀若飴盌字

⿱算黑　算聲○讀若以芥為齏名曰芥荃也

燊　讀若詩曰莘莘征夫

獠　尞聲○讀若䭦燎

⿰𠦝余　倝聲○讀若浣

戴　𢦏聲○讀若詩戴戴大猷

奯　歲聲○讀若詩施罟濊濊

奃　氏聲○讀若氏

⿱大介　介聲○讀若蓋

⿱大弗　弗聲○讀若予違汝弼

⿱大屯　屯聲○讀若鶉

⿱吉大　吉聲○讀若子

⿺乚皀　皀聲○讀若燿

㚔　一曰讀若瓠一曰讀若籋

夲　讀若滔

奡　夰亦聲○讀若傲

耎　而聲○讀若畏偄

⿱㗊犬　㗊聲○或曰拳勇字一曰讀若傿　[illegible]　讀若虙羲氏　扶　讀若伴侶之伴

竘　句聲○讀若齲　⿰𧾷彔　讀若虙羲氏之虙　⿰忄虒　虒聲○讀若移　⿱[illegible]心　[illegible]聲○讀若毳

⿰忄某　某聲○讀若悔　忞　文聲○讀若旻　懁　睘聲○讀若絹　慫　從聲○讀若悚

忍　刀聲○讀若顡　⿰忄彖　彖聲○讀若⿰月奐　⿱⺮⿵門心　簡省聲○讀若簡　忧　尤聲○讀若祐

愵　弱聲○讀與惄同　悴　卒聲○讀與易萃卦同　⿰忄亏　于聲○讀若吁

慴　習聲○讀若疊　⿰忄弭　弭聲○讀若沔　惢　讀若易旅瑣瑣　怮　幼聲○讀與⿰糸欠同

涓　肙聲○讀若琄　沖　中聲○讀若動　沄　云聲○讀若混　泏　出聲○讀若窋

瀳 薦聲○讀若尊
⿰氵斱 斱聲○讀若麵
瀶 臨聲○讀若林
澩 學省聲○讀若學

涸 固聲○讀若狐貈之貈
泧 戉聲○讀若椒樧之樧

⿱罒潐 焦聲○讀若夏書天用勦絶
滒 哥聲○讀若哥
⿱浝土 尨聲○讀若隴

⿱緐泉 緐聲○讀若飯
𠂢 讀若稗縣
⿰谷龍 龍聲○讀若聾
䨮 鮮聲○讀若斯

⿱雨戔 戔聲○又讀若芟
⿱雨真 真聲讀若資
⿱雨禹 禹聲○讀若禹
⿱雨革 讀若膊

⿱雨執 執聲○讀若春秋傳墊阨
鮞 而聲○讀若而
鮦 同聲○讀若絝襱

⿰魚幼 幼聲○讀若幽
魧 亢聲○讀若岡
龖 讀若沓
⿱孫至 讀若摯

戾　大聲○讀與鈦同

䦨　䜌聲○讀若闌

㒰　讀若軍敶之敶

闖　讀若郴

聉　出聲○讀若孽

撣　單聲○讀若行遲驒驒

摕　帶聲○詩若詩蝃蝀在東

抧　只聲○讀若抵掌之抵

掔　臤聲○讀若詩赤舄掔掔

扮　分聲○讀若粉

担　且聲○讀若樝梨之樝

扟　卂聲○讀若莘

揩　水聲○讀若眔

摼　堅聲○讀若鏗爾舍瑟而作

抌　冘聲○讀若告言不正曰抌

媼　昷聲○讀若奧

妿　加聲○讀若阿

娒　每聲○讀若母

妸　可聲○讀若阿

㛄　衣聲○讀若衣

嬩　與聲○讀若余

嬛 瞏聲○讀若蜀郡布名

婠 官聲○讀若楚郤宛

婐 果聲○讀若騧

姑 占聲○或讀若占

⿰女籃 籃聲○讀若詩糾糾葛屨

婧 青聲○讀若韭菁

娓 尾聲○讀若媚

⿰女屬 屬聲○讀若人不孫為不⿰女屬

娕 束聲○讀若謹敕數數

數

⿱執女 執聲○讀若摯同

姷 有聲○讀若祐

妓 支聲○讀若跂行

嫳 敝聲○讀若擊擎

娺 叕聲○讀若唾

姸 幵聲○讀若研

妜 決省聲○讀若煙火炔

炔　炔

⿰女巂 巂聲○讀若隓

⿰女卣 卣聲○讀若懾

娝 否聲○讀若竹皮箁

⿰女覃 覃聲○讀若深

婪 林聲○讀若潭

⿰酋攴 酋聲○讀若蹴

毒 讀若娭

氓 亾聲○讀若盲　乀 讀與弗同　乁 讀若移　氒 讀若厥

戟 讀若棘　戛 讀若棘　㦰 古文讀若咸讀若詩云攕攕女手

羛 讀若錡　亅 讀若橜　𠄌 讀若捕鳥罬　乚 讀若隱

匸 讀與傒同　匿 若聲○讀如羊騶箠　匚 讀若方　𠧞 虍聲○讀若盧同

⿰甾并 并聲○讀若軿　瓬 方聲○讀若抵破之抵　甗 鬳聲○讀若言

瓨 工聲○讀若洪　⿰弓繇 繇聲○讀若燒　彉 黃聲○讀若郭　盩 讀若戾

⿰糸曷 曷聲○讀若瘞　系 讀若覛　綹 咎聲○讀若柳　⿰糸盈 盈聲○讀與聽同

緈 夅聲〇讀若陘
綝 林聲〇讀若郴
緁 讀若捷
綰 官聲〇讀若雞卵
繰 喿聲〇讀若喿
纔 毚聲〇讀若讒
繻 需聲〇讀若易繻有衣
紴 皮聲〇讀若被或讀若水波之波
纗 巂聲〇讀若畫或讀若維
綪 爭聲〇讀若旌
絇 句聲〇讀若鳩
紖 引聲〇讀若矤
⿸户糸 户聲〇讀若阡陌之陌
紕 比聲〇讀若禹貢玭珠
螝 鬼聲〇讀若潰
蠸 雚聲〇讀若蜀都市名
蛃 丙聲〇讀若周天子赧
蚩 屮聲〇讀若騁
蠊 兼聲〇讀若嗛
蠇 萬聲〇讀若賴
蚰 讀若昆
颲 利聲〇讀若栗

颲 列聲○讀若𠛱

鼂 讀若朝。

𡊄 失聲○讀若迭

堨 曷聲○讀若謁

𡋟 弁聲○讀若糞

埻 𦎫聲○讀若準

圣 讀若兔窟

垍 自聲○讀若臮

埵 垂聲○讀若朵

堨 曷聲○讀若毒

埂 叜聲○讀若井汲綆

勱 萬聲○讀若厲

劭 召聲○讀若舜樂韶

𠢕 敖聲○讀若豪

飭 食聲○讀若敕

鐼 賁聲○讀若熏

鋏 夾聲○讀若漁人莢魚之莢一曰若挾持

鉹 多聲○讀若擠一曰詩云哆兮哆兮

鏏 彗聲○讀若彗

鋊 谷聲○讀若浴

鎣 熒省聲○讀若銑

鑴 雟聲○讀若瀸

銛 舌聲○讀若棪桑欽讀若鎌

𨥖 危聲○讀若跛行

鏺 發聲○讀若撥

鉵 蟲省聲○讀若同

䥯 罷聲○讀若嫣

鑋 輕聲○讀若春秋傳曰鑋而乘它車

銃 允聲○讀若允

錟 炎聲○讀若老聃

銴 折聲○讀若誓

鉣 劫省聲○讀若劫

鏊 埶聲○讀若至

鈰 𠂔聲○讀若齊

凭 讀若馮

粍 讀若遼

斜 余聲○讀若荼

稓 昔聲○讀若笮

輑 君聲○讀若帬又讀若褌

轗 𢡤（昏）聲○讀若閔

䡘 熒省聲○讀若煢

𨊠 丞聲○讀若易抍馬之抍

範 笵省聲○讀與犯同

䡩 真聲○讀若論語鏗爾舍瑟而作

軵 讀若茸

輇 全聲○讀若饌

䡨 差省聲○讀若遲

𨋎 圭聲○讀若狂

𡴀 屮聲○讀若臬

隍 讀若虹蜺之蜺

隫 責聲○讀若瀆

隒 兼聲○讀若儼

⿰阝丁 丁聲○讀若丁

禼 讀與偰同

巹 讀若詩云赤舄己己

㠱 其聲○讀若杞

孨 讀若翦

孴 讀若薿一曰若存

酴 余聲○讀若廬

⿰韋⿱𠔉酉 韏省聲○讀若春秋傳曰美而豔

醨 离聲○讀若離

校後記

《說文形聲字研究》稿，論其內容價值，實不足道。唯其經歷五十餘年而猶存在，其原委則有足述者。

初執教於省揚州中學時，曾一度整理：邀請幾位青年學子工毛筆小楷書法者助余分段清繕。方始竣事。日寇入侵，學校解散。整頓部分古籍參考書，連同稿本托請本市同學彭寶良保管。廣陵淪陷期間，日寇作惡萬端，破壞行爲無所不至。彭同學與其胞姊爲保存余之書稿，煞費苦心，一再轉移庋藏之處，仍不免慘遭散失。多蒙其姊弟深藏其中諸稿，《研究》其一也。抗戰勝利後，寶良同學派赴臺灣接收郵政事務，特携此稿而去。數年後，寶良回大陸探親，將此稿轉交其執教於貴陽之胞兄顧彭齡先生收藏。劫難期間，親友同學人事多變，余曾流亡巴蜀八年有餘。迄回寧後又十餘年，猶失去聯係，彼此杳不知存亡下落。不幸大革文化命之浩劫發生（所謂「封資修」者皆遭刦掠焚燬）。顧先生爲此稿大費心血，曾藏於天花板上，仍不覺安全，又復央人置於庵中佛座之下。殆賢昆仲得悉余仍健在，又幸能回大陸探親之際，余方逃避熱浪熏蒸，蟄居西安西工大女兒家；寶良弟兄相偕飛赴西安，面交此稿。刦海茫茫，遭際坎坷；賢昆仲受累沉重，衷心感刻之忱，何可勝道！無論此稿能否付梓面世，皆謹志其情誼永不忘！

此稿此番整理竣事，仍然妄費諸多友朋心血。張采民、陳敏杰二君辛勞籌劃，不遺餘力。而金壇袁重慶先生硬筆清繕，其筆迹端整秀美，勝似法帖。見者無不歎異稱羡。於此一併深致謝忱。

作者年事老邁，記憶力衰退，形聲揣識，殊欠的當。校點之下，自覺多所疏失。切盼賜覽賢達，多多指教！

一九九一年九月　八十九齡羊達之記於南京師範大學宿舍